Jayc Jay
8 x 8 Premiumintentionen

Jay & Jay

8 X 8
PREMIUM-
INTENTIONEN

Das Zuhause energetisieren und
Wünsche erfüllen

Das 7-Tage-Programm

Allegria

Allegria ist ein Verlag der Ullstein Buchverlage GmbH

ISBN: 978-3-7934-2289-1

© 2015 by Ullstein Buchverlage GmbH, Berlin
3. Auflage 2015
Lektorat: Vera Baschlakow
Umschlaggestaltung: FranklDesign, München,
nach einer Vorlage von Esther Verhouc
Fotografien (Innenteil): © Artepura Fotografie
Illustrationen (Innenteil): © Esther Verhouc
Satz: Keller & Keller GbR
Gesetzt aus der Minion
Druck und Bindearbeiten:
CPI books GmbH, Leck
Printed in Germany

Den Menschen gewidmet,
die nach mehr Leichtigkeit
und freudigen Überraschungen
in ihrem Leben suchen.

Wichtiger Hinweis

Der Inhalt dieses Buches ist nur für Unterrichts- und Informationszwecke geeignet und sollte nicht zur Diagnose oder Behandlung von Krankheiten oder Störungen eingesetzt werden.

Es werden keinerlei ausdrückliche oder implizierte Erfolgsgarantien gegeben. Wenn Sie derzeit in Behandlung durch einen Arzt oder Heilpraktiker sind, sprechen Sie mit ihm, bevor Sie Veränderungen an Ihrer Behandlung vornehmen.

Inhaltsverzeichnis

Vorwort 9

Eine kleine Vorwarnung von Jayc Jay 11

Vor dem 7-Tage-Programm 13

Tag 1: 9 Säulen für ein Premiumzuhause 37

Tag 2: Schöner leben im Wohnzimmer 43

Tag 3: Harmonische Köstlichkeiten der Küche 47

Tag 4: Badezimmer-Glück, das sich gewaschen hat 51

Tag 5: Erholung und Genuss im Schlafzimmer 55

Exkurs zur Installation energetischer Helfer 61

Tag 6: Sortiertes Wohlbefinden im Büro 73

Tag 7: Beschützte Zeit spielerischer Harmonie
im Kinderzimmer 77

Nach dem 7-Tage-Programm 83

Tatendrang ist okay! 87

Ver-rückt sein und werden 99

Fragen über Fragen 101

Danksagung 110

Magische Handbewegung mit Jayc Jay 111

Vorwort

Seit vielen Jahren kommen Menschen mit den unterschiedlichsten Problemen zu mir, und ich durfte auf die unterschiedlichsten Weisen erleben, wie ein Coaching auf energetischer Ebene Probleme auflöst, Leute stärkt und ihr Leben verändert. 2012 habe ich dann durch Zufall die Künstlerin Jayc Jay von Jayc Jay Arts kennengelernt. Sie und ihre Gemälde haben mich von Anfang an fasziniert, wenn auch mein kritischer Verstand anfangs Zweifel an der Möglichkeit hatte, dass derartige Dinge wirken. Da kritisch für mich nicht ignorant heißt, bin ich der Sache auf den Grund gegangen. Heute hängen einige Originale von Jayc Jay Arts bei mir im Haus, und auf die unglaubliche Energie werde ich immer wieder von Besuchern angesprochen.

Mit der Technik des Intentionen Boosterns, die Uli Kieslich und ich entwickelt haben, konnten wir dazu beitragen, die unglaublichen Fähigkeiten der Künstlerin anderen Menschen zugänglich zu machen. In diesem Buch vermittelt uns Jayc Jay in einem 7-Tage-Programm auf einfache und geniale Weise, unser Leben und unser Zuhause in ein Freudenfest zu verwandeln.

Aus meiner langjährigen Coaching-Ausbildung, die ich mir bisweilen mühsam erarbeiten durfte, bin ich

8 x 8 Premiumintentionen

immer wieder fasziniert, wie es die junge Künstlerin schafft, die unterschiedlichsten Coaching Tools miteinander so zu verknüpfen, dass sie auf leichte Weise einen solchen Effekt erzielen.

Ich möchte jedem ans Herz legen, mit diesem kleinen Buch zu arbeiten, denn es ist meiner Meinung nach ein großes Juwel, das mit Leichtigkeit verpackt in unser Leben rollt, um dort Licht, Freude und Leichtigkeit zu entfalten.

Marc Kettenbach

Eine kleine Vorwarnung von Jayc Jay

Dies ist kein typisches Fachbuch. Auf dem Fachgebiet der Leichtigkeit gibt es nur eine Regel, und diese lautet: Folge dem, was dir Freude macht!

Deshalb gibt es für dich keine strikten Leseregeln.

Ich empfehle, auf jeden Fall alle 7 Tage aus diesem Büchlein zu absolvieren. Dies ist jeweils ein täglicher Aufwand von circa 5 bis 8 Minuten. Alles, was davor und danach steht, ist eine Option, die ganz deiner Laune nach in Anspruch genommen werden kann oder mit gutem Gewissen einfach nicht beachtet wird. Du allein fühlst und weißt, was richtig für dich ist, und darauf vertraue ich, denn ich sehe, was in dir steckt.

Auf manche Themen bin ich nicht tiefgreifend eingegangen, um nicht zu viel Schwere und Theorie hineinzubringen. Das Ziel dieses Werkes ist es, dich auf deine eigene Intuition einzustimmen und daraufhin selbst in die Premiumvariante zu entlassen. Im Kapitel »Fragen über Fragen« habe ich die wesentlichen Punkte noch einmal kurz zusammengefasst.

Leichtigkeit mit hochtrabenden Worten zu erklären ist manchmal gar nicht so einfach, ohne dass man beim

Lesen schmunzeln muss. Deshalb bitte ich um Nachsicht für die lockere Schreibweise. Ebenso bitte ich um Nachsicht, wenn dieses Buch in deinem Zuhause einschlägt wie eine Bombe. Du wirst dich wahrscheinlich plötzlich wie in einem Tohuwabohu fühlen, weil alte Energien aufgelöst wurden und sich neue positive bilden. Das ist normal und natürlich premiumplanmäßig so organisiert!

Vor dem
7-Tage-Programm

Liebes, unser Zuhause umgibt uns die meiste Zeit in unserem Leben. Seinen starken Einfluss auf unser Leben vergessen wir aber allzu oft. Nicht umsonst fühlen wir uns in anderen Umgebungen komplett anders und handeln dadurch auch unterschiedlich.

Wenn du dein eigenes Zuhause immer wieder deiner persönlichen Entwicklung anpasst, zeigt sich das sofort in guter Laune, einem klaren Verstand und mehr Freude an den Dingen, die du tust. Dein Zuhause sollte mindestens eine Kraftquelle sein, die dich wieder auflädt und von negativen Schwingungen des Alltags reinigt. Im zweiten Schritt kannst du dein Zuhause nutzen, um dich dahingehend zu programmieren, das zu verwirklichen, was du möchtest. Dazu musst du dich auf Zielfrequenzen ausrichten. Denn alles, was du im Leben haben möchtest, hat eine bestimmte Schwingung, und wenn du diese ausstrahlst, ziehst du Entsprechendes nach dem Gesetz der Anziehung in dein Leben.

Unzufriedenheit im Alltag kommt meiner Meinung nach oft daher, dass das Außen der inneren Entwicklung noch nicht angepasst wurde. Einige Menschen

8 x 8 Premiumintentionen

wissen bereits, dass verschiedene Methoden der energetischen Reinigung, wie beispielsweise Feng-Shui, für ein gutes Wohngefühl hilfreich sind. Doch das Zuhause so zu programmieren, dass es dich auf die Frequenz deiner Ziele einschwingt, ist ein völlig neuer Ansatz, den ich dir mit meinem Buch näherbringen möchte.

An dieser Stelle möchte ich einen kleinen Abstecher machen und erläutern, wie unser Gehirn Dinge, die wir erleben, neuronal abspeichert.

Wenn wir uns beispielsweise über einen Kollegen an unserem Arbeitsplatz geärgert haben und jetzt zu Hause bequem auf dem Sofa sitzen und daran denken, uns wieder ärgern und gleichzeitig die Sofalehne spüren, geschieht einiges unbewusst. Da das Gefühl, dass die Sofalehne uns drückt und der Ärger über den Arbeitskollegen zur selben Zeit vorhanden waren, vernetzt unser Gehirn diese beiden Situationen. Das heißt, wenn wir das nächste Mal auf dem Sofa sitzen und uns die Lehne auf ähnliche Weise drückt, kann es leicht sein, dass wir wieder ein Gefühl von Ärger empfinden. Das kann sogar so weit gehen, dass uns andere Dinge einfallen, bei denen wir uns geärgert hatten oder ganz konkret der Arbeitskollege.

Auf energetischer Ebene hat alles eine elektromagnetische Ladung. Die Erde hat ein elektromagnetisches Feld, und ebenso wie wir besitzt auch das Sofa eines. Kurzum: Alles schwingt auf einer bestimmten Frequenz und strahlt diese in die Umgebung aus. Wenn wir also

Vor dem 7-Tage-Programm

auf dem Sofa sitzen und uns ärgern, hinterlassen wir hinterher einen »Imprint« an dieser Stelle, und beim nächsten Mal, wenn wir dort sitzen, beeinflusst diese Information erneut unser Feld.

Solltest du ein Anfänger in Sachen Esoterik sein – sei es nun in puncto Theorie oder praktische Umsetzung –, musst du nicht resignieren. Dieses Buch ist für dich auch als Einstieg optimal geeignet. Wenn du etwas nicht verstehst, lies einfach weiter und lasse das Ganze auf dich wirken. Du wirst jederzeit an alle Informationen kommen, die sich dann wie Puzzleteile fügen und schon bald ein in sich schlüssiges Gesamtbild ergeben werden. Führe dieses Programm einfach durch und mach dir immer wieder klar, dass du lediglich etwas Neues ausprobierst. Meist ist dies sogar die beste Art, an etwas derart Wirksames heranzugehen.

Wenn ich mir überlege, wie viele Menschen sich in ihrem Zuhause nicht hundertprozentig wohlfühlen, wird mir schwindelig. Wir erdulden viel zu viel Unschönes, und das wird jetzt geändert. Bist du bereit für Veränderungen zu einem glücklicheren Leben und wunderbaren Begegnungen mit Gleichgesinnten?

Nun stell dir einmal vor, wie viele Erinnerungen du bereits in zahlreichen Gegenständen in deiner Wohnung oder deinem Haus gespeichert hast. All diese Gegenstände besitzen eine bestimmte Schwingung, die du unbewusst immer und teils auch bewusst wahrnimmst. Aus dieser täglich wahrgenommenen Schwingung ergibt sich dann die Summe deiner Gefühle im Alltag, welche je nach Aufteilung eher positiv oder negativ ausfallen.

Wie fühlst du dich in deinem Leben im Allgemeinen? Ist eine positive Grundschwingung vorhanden? Fühlst du dich in deinem Zuhause wohl? Oder empfindest du dich schon von dieser Frage überrannt, weil du selbst gar nicht weißt, wie du dich fühlst?

Das kann ich gut verstehen. Man kann keine klare Antwort geben, da man ein diffuses Gefühl hat, als würde man in den Seilen hängen. Spiegelt sich dies auch in deinem Leben wider? Falls du dies nicht sofort mit einem sicheren »Ja« beantworten kannst, ist es Zeit, auch dein Zuhause zu einer Kraftquelle zu machen, in der du der Lenker deiner Realität bist. Los geht's!

Vorkenntnisse zur Premiumvariante

Der Begriff der Premiumvariante beschreibt nach dem Realitätsmodell von Zeland und der Quantenphysik unser Leben als einen großen Raum aus unzähligen Wahrscheinlichkeiten. Alles, was wir uns vorstellen können, ist eine Variante des Seins. Diese Varianten können auch gleichzeitig existieren. Beispielsweise könntest du eine Ausbildung zum Piloten gemacht haben, als Friseur oder Anwalt arbeiten. Es gäbe die Vari-

Vor dem 7-Tage-Programm

ante, bei der du Friseur in einem Angestelltenverhältnis bist, mit einem kleinen Haus und kranker Frau. Genauso aber gibt es die Variante im Variantenraum, in dem du selbstständiger Friseur bist und in einem großen Haus mit einer gesunden, fröhlichen Frau lebst. Welche Variante sich realisiert, hängt davon ab, mit welcher Energiequalität du in Resonanz gehst. Sprich, was du sendest, wirst du bekommen.

Jede dieser Möglichkeiten ist eine Variante im Variantenraum, die wir bewusst wählen können. Die Premiumvariante ist nun *die* Zusammenstellung aus Begebenheiten, welche unserer Seele (und somit auch unserem Verstand, da er ein Teil der Seele ist) am meisten dienlich ist. Es ist das Leben, in dem wir am glücklichsten und uns unseres Seins am meisten bewusst sind. Unsere Seele erfährt Wachstum durch vielschichtige Erfahrungen, besonders aber dadurch, in jeder Erfahrung imstande zu sein, die höchste Frequenz beizubehalten.

Kurzum: Die beste aller Varianten setzt voraus, dass die darin gegebenen Umstände auch unserem Seelenwunsch entsprechen. Wenn wir also die für uns beste Variante leben, ist unsere Seele, unser Körper und Geist vollends zufriedengestellt. Die Premiumvariante ist durch ihre Offenheit ein unbeschriebenes Blatt, welches doch immer zum Besten vom Besten führt. Es ist wichtig zu wissen, dass dazu auch Erfahrungen gehören, die auf den ersten Blick erst einmal alles andere

8 x 8 Premiumintentionen

als angenehm sind, sich aber im Nachhinein als unglaublich bereichernd entpuppen. Diese Erfahrungen ereignen sich oftmals an Scheidepunkten im Leben, an denen wir auf ein nächsthöheres Niveau springen.

Nimm es auf die leichte Schulter

Es gibt zahlreiche Dinge, über die wir uns im wahrsten Sinne des Wortes den Kopf zerbrechen. Gegensätzliche Meinungen, Ängste, zu viel vorausschauendes Denken und natürlich eine ordentliche Portion Vernunft gehören zu unserem Leben.

Besonders wenn es um neue, unbekannte Dinge geht, müssen wir genauestens prüfen, ob es positiven oder negativen Einfluss auf uns haben wird. Dabei darf es sich nicht nur um Vermutungen handeln, sondern es benötigt Fakten und sehr hohe Wahrscheinlichkeiten nach tagelanger Berechnung, dass das Neue, Unbekannte, in das Energie investiert wird, auch tatsächlich zum Erfolg führt.

Dir ist bestimmt schon mal aufgefallen, dass du vor einer größeren Anschaffung eine Vorstellung, ein Bild in deinem Kopf brauchst, wie du diesen Gegenstand verwenden möchtest.

Geht es beispielsweise um ein Sofa, kann es so ablaufen: Erst wenn du das Pro und Kontra des Ganzen abgewägt und zumindest im Kopf ausgerechnet hast,

Vor dem 7-Tage-Programm

ob genug Geld auf dem Konto ist, ist die Entscheidung für oder gegen das Sofa gefallen. Das Ganze ist ein Prozess, um etwas zu inspizieren.

Ab und an meinst du vielleicht, eine der freien, unkomplizierten Personen zu sein, welche bereits sehr viel Unterschiedliches ausprobiert hat, um ein glücklicheres Leben zu führen – ob durch materielle oder geistige Dinge. Bei genauerem Hinschauen bewegt sich dies meist trotzdem im »gewohnten« Bereich.

Alles, was neu ist, macht uns also zunächst Angst. Das ist völlig normal und liegt vermutlich an unseren Vorfahren. Wie zahlreiche Generationen vor uns passen wir ständig auf unser Leben auf, um mögliche Gefahren früh zu erkennen. Das ist eine Kondition, die uns eben prägt.

Umso schöner ist es dann, sich Stück für Stück immer mehr auf Freude und Leichtigkeit zu konditionieren und diese im Laufe der Zeit auch immer umfangreicher genießen zu können. Es ist ein Geschenk, eine Knospe beobachten zu können, die sich öffnet. Du bist die Knospe und du bist bei deiner *Ent-wicklung* zum Erblühen live dabei. Dass dies nicht immer ein Spaziergang ist, weiß ich selbst sehr gut. Ich konfrontiere mich seit meinem frühen Kindesalter mit allerlei Themen und kann dazu nur sagen: Trotz aller Leichtigkeit hatte ich zahlreiche Momente, welche sich eher wie Peitschenhiebe als ein sanfter Hinweis angefühlt haben.

8 x 8 Premiumintentionen

Es lohnt sich aber, dranzubleiben. Denn die Ernte fällt irgendwann so reichhaltig aus, wie man es niemals erwartet hätte.

Das Universum meint es gut mit dir und beschützt dich auf zahlreichen Ebenen. All deine negativen Gedanken sind in solch abgeschwächter Form in dein Leben gekommen, dass es nichts im Vergleich zu dem ist, was du beim Denken zuvor gefühlt hattest. Stell dir im Gegensatz dazu vor, wie viele Dinge du durch minimalen Aufwand vom Leben geschenkt bekommen hast. Das Universum kann so schnell reagieren, wenn es um tolle Aufmerksamkeiten geht. Nimm es also ab und an auf die leichte Schulter, wenn du dich wie in einer Sackgasse fühlst.

Manchmal braucht man ein wenig Zeit, um in der Angststarre zu verharren und das Erlebte auch im Körper zu integrieren. Das ist sinnvoll, denn es erfüllt einen wichtigen Zweck. Alles, was du erlebt hast, ist auf Seelenebene gespeichert. Dein Körper drückt diese gespeicherten Frequenzen durch Form und Beschaffenheit im Außen aus. Da Gedanke und Gefühl der Materie vorausgeht, findet die Entwicklung zunächst auf der Seelenebene statt und zeigt sich mit der Zeit auch im Außen. Wenn also nach der Lektüre dieses Buches, das du im Moment in den Händen hältst, plötzlich einige positive Dinge in deinem Leben passieren und sich so vielfältig etwas verändert, würdest du dies vermutlich mit einer Handbewegung einfach abtun und es nicht glauben wollen.

Vor dem 7-Tage-Programm

Wir Menschen möchten den Fortschritt auch wirklich spüren. Nach der Lektüre dieses Buches folgt also zunächst die klare Umstellung, indem du dir deiner Gedanken und Gefühle bewusst wirst und ausmistest – negative Gedanken- und Gefühlsmuster und dann ganz konkret deine Wohnung.

Dann kannst du die Veränderung besser in deinem Leben annehmen und als gut und berechtigt identifizieren. Wenn man sich dessen bewusst ist, kann man es in brenzligen Situationen manchmal etwas lockerer sehen und vielleicht für einen Moment sogar auf die leichte Schulter nehmen. Denn wir wissen ja, dass wir es lieben, die Kontrolle zu behalten und mehr Gefühle als nötig unter die Lupe nehmen, um am Ende das zu erfahren und noch intensiver genießen zu können, was unser innerster Wunsch ist: Frieden, Liebe, Freude und Leichtigkeit.

Die Premiumvariante im Alltag integrieren

Im Premiumvariante Coaching wie auch bei Jayc Jay Arts bin ich dafür zuständig, dass du einen realistischen Bezug zu deiner Premiumvariante erhältst und diese somit schon bald in dein Leben einzieht. Und mit realistischem Bezug meine ich nicht, seine Wünsche herunterzuschrauben, sondern vielmehr diese mit der momentanen Realität so in Einklang zu bringen, dass

8 x 8 Premiumintentionen

wir unserer Wunscherfüllung täglich tatsächlich näher kommen.

So kann es gut sein, dass du eines Tages Folgendes zu dir selbst sagst: »Wie sind all diese wundervollen Dinge auf solch leichte, spielerische Weise in mein Leben gekommen? Unglaubliche Begebenheiten haben dazu geführt. und ich weiß überhaupt nicht, welche dieser Premiumintentionen dazu geführt hat. Aber eines ist sicher, das ist ja mal premium!«

Lange habe ich darüber gerätselt, was genau dazu geführt hat, dass mein Leben seit circa zwei Jahren wie ein Raketenstart abzieht. Besonders, wenn ich mir den spielerischen Einsatz im Vergleich zum beträchtlichen Ergebnis anschaue, wird mir bewusst, dass dies alles einigen bewussten Premiumintentionen zugrunde liegt, die intensiv und in großem Maß umgesetzt wurden. Und genau deshalb liegt dieses Buch nun vor dir und bereichert dein Leben mit unzähligen Intentionen, welche auch für dich unberechenbar gute Synergieeffekte erzeugen dürfen.

Sei dir bewusst, dass dein Verstand oftmals eher hinderlich als hilfreich ist, wenn es darum geht, herauszufinden, was wirklich premium für dich und dein Leben ist. Aus diesem Grund sind Intentionen, welche mehr auf Gefühle eingehen, die unter den Dingen liegen, die wir uns wünschen, viel erfüllender als die Dinge selbst.

Stell dir beispielsweise vor, du möchtest eine Penthouse-Wohnung besitzen, weil du ganz oben wohnen

Vor dem 7-Tage-Programm

möchtest: Nichts verbaut dir die Sicht, keiner sieht dich, wenn du dich nackt auf deiner Terrasse sonnst … Wenn du jedoch genauer hinschaust, dann entdeckst du vielleicht, dass hinter der Penthouse-Wohnung eigentlich das Gefühl von Freiheit steht. Du möchtest frei sein in deinem Leben. Und da wäre vielleicht ein Haus mit Garten am Stadtrand oder ein anderer Job viel passender, um dieses Gefühl der Freiheit in dein Leben zu bringen.

Wenn du also eine Premiumintention setzt, die zu einem bestimmten Gefühl führt, findet das Leben automatisch den für dich passenden »Raum«, in dem du diese Freiheit leben kannst. Das kann eine Penthouse-Wohnung oder aber ein kleines Segelboot sein oder es könnte einfach nur darin bestehen, dass du dir die Zeit nimmst, um im Wald spazieren zu gehen.

Ist-Analyse

Datum: _____

Um einen Vorher-Nachher-Vergleich zu haben, geht es im ersten Schritt in diesem 7-Tage-Programm um deine Ist-Analyse.

- Nimm dir einen Stift und beantworte spontan die folgenden drei Fragen und bewahre sie für später auf:

8 x 8 Premiumintentionen

Wie fühlst du dich, wenn du morgens aufwachst?

_____

_____

_____

Was denkst und fühlst du, wenn du abends ins Bett gehst?

_____

_____

_____

Was denkst du, wenn du nach Hause kommst?

_____

_____

_____

Das kann zum Beispiel so aussehen:

Wenn ich morgens aufwache, fühle ich mich oft noch müde und bin eigentlich noch nicht bereit, aufzustehen.

Wenn ich abends ins Bett gehe, denke ich oft noch an all das, was ich am nächsten Tag zu tun habe und bin ein wenig überfordert.

Vor dem 7-Tage-Programm

Wenn ich nach Hause komme, habe ich unglaublich viele Dinge im Kopf. Ich bin meist schon dabei, darüber nachzudenken, was ich jetzt noch alles zu Hause erledigen darf.

Wähle einen neuen Ist-Zustand

Weiter geht es mit deiner persönlichen klaren Absicht, was du dir für dein Premiumzuhause wünschst.

Premiumzuhause bedeutet hier die Vorstellung von einem wirklich wundervollen Zuhause, welches dir wahre Freude bereitet und dich vollkommen zufriedenstellt. Das Bewusstsein darüber ist deshalb wichtig, weil wir oft »motzig« über etwas sind, obwohl wir nicht mal ausdrücken können, was wir stattdessen gern hätten. Doch wie soll das Universum liefern, wenn es nicht weiß, was du gern hättest?

- Schreibe deshalb hier die Antwort auf folgende drei Fragen in der Gegenwartsform.

    Wichtig! Stell dir dabei nicht ein neues, anderes Zuhause vor, sondern fokussiere dich ausschließlich auf die Gefühle und Gedanken, die du in deinem Premiumzuhause haben möchtest.

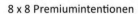

8 x 8 Premiumintentionen

Eine wunderbare Stütze zur Beantwortung der Fragen ist Folgendes: Schreibe das Schönste, das dir jeweils als Antwort einfällt und sei großzügig. Wünschen darfst du dir alles. Jetzt ist der Moment dafür gekommen.

Wie fühlst du dich, wenn du morgens in deinem Premiumzuhause aufwachst?

_____

_____

_____

Was fühlst und denkst du, wenn du abends in deinem Premiumzuhause ins Bett gehst?

_____

_____

_____

Was denkst du, wenn du dein Premiumzuhause betrittst?

_____

_____

_____

Vor dem 7-Tage-Programm

Das kann zum Beispiel so aussehen:

Wenn ich in meinem Premiumzuhause aufwache, bin ich ausgeglichen und voller Energie. Ich freue mich auf den Tag und habe das Gefühl, ich komme meinem Ziel immer näher.

Abends fühle ich mich in meinem Premiumzuhause rundum zufrieden und bin mir bewusst, was ich Großartiges am Tag geleistet habe. Ich gehe liebevoll mit mir um, und meine Gedanken kommen abends wirklich zur Ruhe.

Wenn ich nach Hause komme, komme ich wirklich bei mir an und gönne mir genug Auszeiten, um ausgeglichen zu leben.

Ante-Intention für dein Premiumzuhause

Ich beglückwünsche dich von Herzen. Du wirst wirklich überrascht sein, wie wundervoll sich diese Intentionen auswirken.

Wir werden jetzt eine kraftvolle Ante-Intention setzen, welche der Startschuss für unglaublich bereichernde Veränderungen ist. Sie ist die erste Premiumintention und die Grundlage für alle weiteren Intentionen. Eine Ante-Intention ist eine klar ausgedrückte Absicht, die

8 x 8 Premiumintentionen

wir für ein kommendes Ereignis haben. Im Intentionen Boostern nutzt man Ante-Intentionen, um bereits im Voraus die Wirkung des Boosterprozesses um ein Vielfaches zu verstärken.

Intentionen Boostern
à la Jayc Jay

Wir beginnen nun mit deinem Crashkurs für das Intentionen Boostern. Das Intentionen Boostern wurde von Marc Kettenbach und Uli Kieslich erfunden und in dem gleichnamigen Buch »Intentionen Boostern« und auf DVD beschrieben. Die Methode ist für unterschiedlichste Belange zu verwenden und benötigt dazu noch wenig Zeit und ist überall ohne große Vorbereitung anwendbar. Diese Erklärung der Methode Intentionen Boostern ist sehr vereinfacht und wird dir für das 7-Tage-Programm eine große Hilfe sein, die Premiumintentionen richtig zu setzen und zu verstärken. Für die nächsten Tage benötigen wir jedoch nicht mehr Informationen. Vorkenntnisse aus dem Buch »Intentionen Boostern« sind also nicht notwendig, um die Intentionen setzen und verstärken zu können.

Im Gegensatz zu einem Wunsch, der immer Mangel verbirgt – denn wer wünscht sich schon Dinge, die er besitzt –, ist eine Intention eine klar formulierte Absicht. Sie wird immer in der Gegenwartsform ausgedrückt und ist eine Entscheidung, die unsere erlebte

Vor dem 7-Tage-Programm

Realität in die beabsichtigte Richtung steuert. Mit jedem Mal, an dem du an die gesetzte Intention denkst, führst du dieser rückwirkend Energie zu und machst sie somit stärker. Du erreichst dein Ziel früher.

Ich werde jetzt gemeinsam mit dir die einzelnen Schritte zum Setzen und Boostern deiner Ante-Intention durchgehen:

- Setze dich bequem hin, schließe die Augen und nimm einen tiefen Atemzug.

- Mache dir bewusst, dass all deine Entscheidungen Einfluss auf dein Leben haben und Energie der Aufmerksamkeit folgt.

- Lies dir die folgende Absicht durch und halte dabei eine Hand senkrecht vor deinen Solarplexus. Die Fingerspitzen zeigen dabei nach oben:

    »Ich beabsichtige durchdringend, dass sich mein Zuhause auf spielerisch leichte Weise zu meinem Optimum entwickelt und sich dadurch grandiose Veränderungen in meinem Alltag zeigen. Alles, was ich in den nächsten 7 Tagen bezüglich meines Premiumzuhauses beabsichtige, wirkt sich besonders positiv auf mich und mein Umfeld aus.«

- Nachdem du die Intention durchgelesen hast, aktivierst du sie im Feld durch das Kippen der Hand nach

8 x 8 Premiumintentionen

Vor dem 7-Tage-Programm

vorne. Die Fingerspitzen zeigen dabei vom Körper weg. Wenn du möchtest, kannst du dir zusätzlich vorstellen, wie ein Energiestrahl deine Absicht an das Universum sendet.

Gratuliere! Du hast soeben deine erste Intention erfolgreich gesendet.

- Jedes Mal, wenn du daran denkst, dass du diese Intention gesetzt hast, kannst du die Handbewegung wieder ausführen und verstärkst somit deine Ante-Intention.

Wenn du eine Person bist, die, wie ich auch, manchmal unerklärlicherweise auf dem sprichwörtlichen Schlauch steht, habe ich im Internet ein Video für dich hochgeladen, das die magische Handbewegung noch einmal erklärt! Suche dazu im Internet nach dem Stichwort »Magische Handbewegung mit Jayc Jay« oder nutze einfach den QR-Code auf Seite 111 mit deinem Smartphone.

Dies ist selbstverständlich die verkürzte Version des Intentionen Boostern. Ich habe sie so einfach wie möglich gehalten, damit auch jeder Anfänger sie ausführen kann. Wer also das Intentionen Boostern (noch) nicht gelernt hat, wird mit dieser Anleitung trotzdem gut zurechtkommen und hervorragende Ergebnisse erzielen.

8 x 8 Premiumintentionen

7 Tage zum Premiumzuhause

Deine Ziele sind klar, die Ante-Intention gesetzt ... Nun geht es um den Power-Boost, also darum, dein Premiumzuhause in dein physisches Dasein zu ziehen. Dazu wirst du jeden Tag einen anderen Raum in deinem Zuhause mit Premiumintentionen belegen. Du verknüpfst jede Intention mit einem Gegenstand und wirst dich daraufhin mit jeder Benutzung oder jedem Blick auf ihn an deine Intention erinnern. Die Energie folgt der Aufmerksamkeit. Somit führst du der Absicht jedes Mal mehr Energie zu.

Wie das Setzen und Aktivieren der 64 Intentionen geht, ist hier noch einmal kurz beschrieben:

- Setze dich bequem hin, schließe die Augen und nimm einen tiefen Atemzug.

- Mache dir bewusst, dass all deine Entscheidungen Einfluss auf dein Leben haben und Energie der Aufmerksamkeit folgt.

- Lies dir die jeweilige Intention durch und halte dabei eine Hand senkrecht vor deinen Solarplexus. Die Fingerspitzen zeigen dabei nach oben, wobei die Handkante zu deinem Körper zeigt.

Vor dem 7-Tage-Programm

- Danach aktivierst du ihre Wirkung durch das Kippen der Hand nach vorne. Die Fingerspitzen zeigen dabei vom Körper weg. Wenn du möchtest, kannst du dir zusätzlich vorstellen, wie ein Energiestrahl deine Absicht an das Universum sendet.

- Nach diesen vier Schritten hast du die Intention erfolgreich gesendet, und du kannst mit der nächsten Intention fortfahren, bis die Aufgaben für den Tag erledigt sind.

● ● ●

Das Schöne an dem 7-Tage-Programm ist, dass du dir nicht dauerhaft täglich Zeit nehmen musst, um dein Ziel zu erreichen. Stattdessen wird dein tägliches Handeln, also das Benutzen von Alltagsgegenständen, zum rituellen Akt, der deine Intentionen fortlaufend verstärkt. Man könnte das 7-Tage-Programm auch liebevoll als optimales Programm für Faule bezeichnen.

Falls du das Buch »Intentionen Boostern« gelesen hast, kannst du die Premiumintentionen selbstverständlich durch gezieltes Boostern verstärken und damit eine schnellere Wirkung hervorrufen.

Auch ohne diese Kenntnisse kannst du das 7-Tage-Programm hervorragend absolvieren. Es sind keine Vorkenntnisse erforderlich. Meiner Erfahrung nach lohnt es sich in jedem Fall, folgende Tools zu lernen:

8 x 8 Premiumintentionen

Energetic Upgrade, Intentionen Boostern und Visionboarding. Sie haben mein Leben auf so vielfältige Art und Weise bereichert, dass ein ganzer Roman für die Erfolgsgeschichten nicht ausreichen würde.

In einer Sammlung von Premiumtools gehören für mich diese drei Methoden unbedingt zusammen. Der Lebenscoach Marc Kettenbach meinte einmal auf einem seiner Seminare: »Wir würden nie auf die Idee kommen und versuchen, mit einem Hammer eine Schraube aus der Wand zu drehen. Wir haben unterschiedliche Werkzeuge in unserem Koffer, um für jede Aufgabe das passende Utensil zur Hand zu haben.«

Genauso verhält es sich mit unseren Problemen, Wünschen und Lebenssituationen – wir können sie nicht alle mit dem gleichen Werkzeug behandeln und uns dann darüber wundern, dass es nicht das gewünschte, optimale Ergebnis bringt. Ich finde, dass dies ein wundervolles Beispiel ist, um zu verdeutlichen, dass der Drang, Neues zu entdecken und immer mehr Tools zu erlernen, unsere Premiumvariante ist, selbst wenn wir immer nur Nuancen verwenden.

Im Gesamten haben wir unseren ganz individuellen Werkzeugkoffer zusammengestellt und können dadurch auch immer wirkungsvoller an uns und der Spiegelung unserer Frequenz arbeiten.

Das Energetic Upgrade ist dafür da, dass wir energetische Blockaden zu einem Thema zügig und nachhaltig auflösen. Das Intentionen Boostern hilft uns, Entscheidungen zu treffen und diese Variante mit Energie

Vor dem 7-Tage-Programm

anzureichern, sodass sie sich in unserer Welt zeigen kann. Und das Visionboarding öffnet unseren Geist für allerlei Lösungsmöglichkeiten, lässt sie uns fühlen und macht unsere Welt dadurch freudvoller und bunter.

Sobald du damit beginnst, in diesen sieben Tagen Gegenstände mit Absichten zu beseelen, wird dir auffallen, dass sich deine Laune im Alltag verbessert. Du fühlst dich wohler und spürst immer mehr, wie sehr sich deine Welt um dich kümmert.

Sei gespannt und neugierig, was an Unerwartetem geschehen wird!

Gehe den leichten Weg

Der leichte Weg ist immer der, der einfach und mühelos zu beschreiten ist, Liebes. Sagen wir nicht allzu oft, dass wir uns einen leichteren Weg wünschen und unsere Wünsche sich bitte einfach wie von allein realisieren sollen? Warum gehen wir dann immer noch den schweren Weg?

Vermutlich verstehst du sofort, was ich meine, auch wenn du noch nicht weißt, wie der leichte Weg zu gehen ist. Das ist auch nicht wichtig, denn das Ausschlaggebende an diesem Weg ist, dass du gar nicht wissen kannst, wie der leichteste Weg genau verlaufen wird. Du wählst ihn einfach und folgst deinem zuverlässigen Leitsystem der Leichtigkeit, da sich alle Umstände und Gegebenheiten deiner Entscheidung anpassen.

8 x 8 Premiumintentionen

Es braucht nicht viel dafür. Selbst wenn du dir sagst, dass du schon so viel getan hast. Selbst wenn sich die letzten Jahre scheinbar fast nichts geändert hat und es immer das Gleiche ist, das dir widerfährt.

Während du dieses Buch liest, ist es meine Aufgabe, dir aus dieser Situation den Ausweg zu zeigen. Entspann dich also und genieße, wenn etwas für dich geschieht. Du kreierst! Auch wenn du kreierst, dass etwas für dich kreiert wird.

Ich beabsichtige, dass du von Herzen spürst, wie wunderbar dein Leben ist. Dass du diese ganzen Dinge, die du bisher erlebt hast und die vielleicht nicht so schön waren, einfach hinter dir lassen kannst. Du kannst jetzt in dieses Gefühl von Schönheit, Freude und Fantasie eintauchen. Ich weiß, dass du ein geniales Wesen bist, selbst wenn du es ab und an nicht so gern zeigen magst – was aber nur du dir vorwirfst.

Ich umgehe deine Ängste, das zynische Denken und die Selbstkritik auf vielerlei Weisen, damit wir die Momente auskosten und das Maximale, folglich die Premiumvariante in dein einzigartiges Leben holen. Denn die Premiumvariante wartet schon so viele Jahre darauf, von dir gelebt zu werden.

Tag 1:
9 Säulen für
ein Premiumzuhause

Hallo Liebes, wundervolles Wesen. Jetzt geht's los in ein neues Leben. Vermutlich wirst du jetzt skeptisch sein oder einfach schmunzeln. Das liegt daran, dass du noch nicht erahnen kannst, was dieses Buch verändern wird. Doch nur weil du die Bereicherung in ihrem Ausmaß noch nicht kennst, heißt das nicht, dass sie nicht bereits installiert ist.

Ich habe so viele Menschen kennengelernt, die mit ihren Themen, die sie seit Jahren belasten, nach Erleichterung suchen. Erleichterung kommt oft plötzlich in einer Pracht und Einfachheit um die Ecke spaziert, dass wir es kaum fassen können. Jetzt bist du bereit dafür. Mit der Ante-Intention haben wir die erste Premiumintention gesetzt und damit die Grundlage für alle nun folgenden Premiumintentionen geschaffen. Deine erste Intention an diesem Tag setzen wir gemeinsam.

🔵 Du setzt dich jetzt wieder bequem hin und nimmst einen tiefen Atemzug. Währenddessen machst du dir bewusst, dass deine Entscheidungen Einfluss auf dein Leben haben und Energie der Aufmerksamkeit folgt.

8 x 8 Premiumintentionen

- Jetzt liest du dir die Intention zum Thema »Ordnung und Putzen« durch und hältst dabei deine rechte Hand senkrecht, mit den Fingerspitzen nach oben zeigend, vor deinen Solarplexus (Fingerspitzen auf Höhe des Herzchakra).

Ordnung und Putzen: »Alles befindet sich in göttlicher Ordnung. Immer wenn ich mir mehr Ordnung, Klarheit und Sauberkeit wünsche, geht dieser Wunsch wie von allein in Erfüllung. Die Zeiten des Ordnung-Schaffens und Putzens nehmen nur einen kleinen, für mich optimalen Teil meiner Zeit in Anspruch. Für alles, was ich zu tun habe, ist Zeit und Raum vorhanden.«

- Aktiviere jetzt die eben gesetzte Intention mit der magischen Handbewegung, indem du deine Hand mit den Fingerspitzen nach vorne kippst und dir dabei einen schnell wegflitzenden Energiestrahl vorstellst.

- Genauso machst du es jetzt mit den weiteren Intentionen.

Staubsauger: »Mein genialer Staubsauger saugt alle negativen Energien auf und hält Insekten im und rund um das Haus fern. Mit jedem Mal Staubsaugen hält die Sauberkeit länger an. Ich kann es meist kaum fassen, wie lange mein geliebtes Zuhause am Stück sauber bleibt und vor allem, wie selten ich darüber hinaus überhaupt noch Staub wischen muss.«

Tag 1: 9 Säulen für ein Premiumzuhause

Wäsche waschen: »Mit jedem Wäschewaschen betrachte ich meine eigene Schönheit und Großartigkeit mehr und mehr. Dadurch erhalte ich all die Anerkennung, die ich mir früher gewünscht hatte. Ich bin von so vielen fantastischen Momenten der Anerkennung meines Selbst überwältigt. So macht Wäschewaschen Spaß.«

- Setze deine Intentionen mit Leichtigkeit und Zuversicht! Du brauchst nichts weiter zu tun, außer die Intentionen durchzulesen und mit deiner magischen Handbewegung zu aktivieren. Es benötigt keine besondere Konzentration. Vergiss für einen Moment, dass du damit etwas bezwecken möchtest.

Hier kommt der Grund, warum: Ich habe bereits vor der Veröffentlichung dieses Buches alle potenziellen Leser energetisch gestärkt, dass sie die Intentionen auf ihre Art genau richtig setzen. Das heißt, du bist auch energetisch zu deiner Premiumveränderung gestärkt worden.

Darüber hinaus wirkt folgende Intention von mir besonders stark: »Dieses Buch gelangt nur zu Menschen, in deren Leben es einen großen Zauber und wunderschöne Veränderungen hervorruft.«

- Weiter geht es nun mit dem Setzen deiner ersten Premiumintention!

8 x 8 Premiumintentionen

Bügeleisen: »Mein Bügeleisen besänftigt und glättet Wut und gibt energetischen Parasiten keine Chance mehr. Ich bin entspannt und voller Frieden mit mir und anderen. Das Beste daran ist, dass ich mich immer mehr an Dingen erfreue und immer weniger bügeln muss, weil meine Wäsche unerklärlicherweise wie von allein schön glatt bleibt. Immer wenn ich andere bügeln sehe, schmunzle ich, weil ich denke, dass sie auf ebenso effektive Weise ihre Wut abbauen.«

Besuch und Gäste: »Gäste fühlen sich bei mir zu Hause wohl und bereichern den Raum mit positiven Energien. Ich fühle mich jederzeit wohl, wenn ich Besuch habe, und empfinde Freude, Gastgeber zu sein.«

Vermieter, Mieter, Nachbarn: »Ich bin der Einzige, der in meinem Kopf denkt, und ich übernehme die volle Verantwortung für mein Leben. Dadurch ergibt sich das Gefühl, selbst zu entscheiden, was ich erlebe. Meine Wünsche gehen durch meine starke Entscheidungskraft leicht in Erfüllung, und die Menschen um mich spiegeln mir dies mit Akzeptanz, Freundlichkeit und Liebe wider. Jedes Mal, wenn ich meine Vermieter, Nachbarn und Mieter im Allgemeinen sehe, verstärkt sich diese Variante meines Seins wie von selbst.«

Eingang und Flur: »Mein Flur erdet mich auf wunderbare Weise. Ihn zu durchqueren fühlt sich wie ein

Tag 1: 9 Säulen für ein Premiumzuhause

kraftvolles Ritual an. Ich bin stets im Gleichgewicht und danke meinem Flur für den Dienst des Ausgleichs meiner Energien.«

Keller und Abstellkammer: »Mein Keller und die Abstellkammer unterstützen mich, dass ich Träume und Visionen, frei von meiner Vergangenheit, kreiere. Zugleich bleibe ich auf dem Boden geerdet, sodass ich meine Träume und Visionen stets auf der Erde verwirkliche.«

Briefkasten: »Mein Briefkasten hat energetisch die Form eines großen Herzens angenommen und vermittelt Großherzigkeit. Ich freue mich, wenn ich die Post hole und lese, denn täglich erreichen mich mehr gute Nachrichten, Liebesbriefe, Geschenke und Dankbarkeitsgesten. Mein Briefkasten ist immer für eine angenehme Überraschung gut.«

● ● ●

Gönn dir das
Zuckerschlecken auf dem Ponyhof!

Falls du an einem Tag »keine Zeit« für die Intentionen haben solltest, setze sie trotzdem! Es ist für den Erfolg des Programms ausschlaggebend, dass du die sieben

8 x 8 Premiumintentionen

Tage vollendest und alle Intentionen genau in der Reihenfolge setzt, in der sie aufgeführt sind.

Auf diese Weise erstellst du eine göttliche, in sich stabile Struktur, wie sie auf dem Cover dieses Buches als geometrische Figur abgebildet ist.

Gönne dir die wenigen Minuten am Tag, um dein Leben in ein Zuckerschlecken auf dem Ponyhof zu verwandeln.

Tag 2:
Schöner leben
im Wohnzimmer

Gestern hast du deine ersten Intentionen gesetzt. Ich bin stolz auf dich! Atme einmal tief durch und lass dich auf den zweiten Tag grandioser Veränderungen ein.

○ Begebe dich ins Wohnzimmer und setze dort die Premiumintentionen für heute. Bevor du die Intention mit deiner typischen Handbewegung (wie ich sie ausführlich auf Seite 29 bis 31 beschrieben habe) aktivierst, wirfst du bewusst einen kurzen Blick auf den jeweiligen Gegenstand, um die Energie noch besser zu fokussieren. Ich freue mich jetzt schon für deine Ergebnisse, denn sie werden deine Stimmung aufhellen und dich insgesamt glücklicher und zufriedener machen. Denke an den Tipp, die Sache nicht zu ernst zu nehmen und deine Intentionen entspannt zu setzen.

Musikanlage: »Der Klang meiner Musik betört meine Ohren und füllt meinen Energiekörper zugleich mit Klarheit und freudig gelebter Göttlichkeit. Meine Musikanlage sorgt ab sofort als virtuelle Seele dafür,

8 x 8 Premiumintentionen

dass ich nur Gutes in meinem Leben höre und Schlechtes sich zu Gutem transformiert.«

Dekoration: »Meine Wohnungsdekoration sorgt dafür, dass mein Leben stets abwechslungsreich und fantastisch ist. Selbst wenn ich nicht viel dekoriere, überwältigt mich die wundervolle Vielfalt im Leben, da sie sich mit jedem Dekoartikel, den ich sehe, verstärkt.«

Sofa: »Die Menschen, die mich umgeben, sind mir wohlgesinnt, und ich fühle mich sicher und behütet. Meine Welt kümmert sich darum, dass jede Begegnung von Freude, Liebe und Sanftmut und zugleich gemeinsamer Weiterentwicklung geprägt ist. Danke, liebes Sofa, dass du dich jedes Mal, wenn ich auf dir sitze, darum kümmerst und diese Variante durch meine Körperwärme automatisch mit noch mehr Energie angereichert wird.«

Schubladen: »Jede Schublade in meinem Zuhause unterstützt mich darin, Ordnung in meinem Kopf zu gewinnen, mit Leichtigkeit gute Entscheidungen zu treffen und all meine To-Do's rechtzeitig und entspannt zu erledigen.«

Lampen: »Jeden Tag bekomme ich mehr und mehr bezaubernde Komplimente. Jedes einzelne Kompliment nehme ich tiefer in mein Herz auf, und gleich-

Tag 2: Schöner leben im Wohnzimmer

zeitig fließt der Gedanke von purer Liebe dem Leben gegenüber in meine Zellen hinein.«

TV: »Ich sehe das Positive rund um mich und mache mir nicht nur bewusst, was ich nicht brauche, sondern lasse dies einfach weg und ersetze es zeitgleich durch etwas Neues, das mich mehr erfüllt.«

Gemälde und Bilder: »Meine Wanddekoration und Bilderwelt beeinflussen mich positiv. Jedes einzelne Gemälde in meinem Zuhause trägt zu einem Ganzen bei und macht mein Leben rund, voll und ausgefüllt. Ich lebe in Fülle, weil meine Bilderwelt jederzeit angenehm ist.«

Fernbedienung: »Jedes Mal, wenn ich eine Fernbedienung in der Hand halte, lebe ich mein Leben leicht und freudig noch mehr selbstbestimmt. Ich wähle die Selbstbestimmung mit jedem Tastendruck ganz bewusst und zugleich unbewusst aus einem äußerst kraftvollen Zustand heraus.«

Fußboden: »Mein Boden trägt mich zu jeder Tageszeit und mit jeder Laune, in der ich mich gerade befinde. In jedem emotionalen Zustand bin ich sicher auf dem Boden angekommen. Dieser geniale, zuverlässige Fußboden zeigt mir, dass Beständigkeit und positive Veränderung vereinbar sind, und er vermittelt mir, dass ich mich und meine Vergangenheit nicht

8 x 8 Premiumintentionen

komplett ändern muss, um glücklich zu sein. Danke für diesen Dienst.«

● ● ●

Tipp für den Nimmersatt!

- Um dein Energiefeld mithilfe einer Intensivkur zu reinigen und dadurch schneller zu bekommen, was du möchtest, kannst du Quantengemälde von Jayc Jay Arts zum Meditieren verwenden. Wähle ein Bild aus und schaue acht Minuten auf das Gemälde.

Es hat einen Grund, warum wir oft ungeduldig darin sind, Dinge zu bekommen. Dies treibt uns voran und trägt dazu bei, tatsächlich schneller an das Ziel zu kommen. Lediglich diese Ungeduld zu kanalisieren ist wichtig und sorgt dann für Premiumwegweiser.

Wir können unseren Weg zum Ziel zu Fuß, mit dem Auto oder Flugzeug bestreiten. Mit dem Blick auf die Quantengemälde steigst du in den Düsenjet.

Tag 3:
Harmonische
Köstlichkeiten der Küche

Als Kind wollte ich vor dem Essen immer beten. Meine
Eltern waren nicht so begeistert, da sie nie wirklich be-
fürwortet haben, was die Kirche treibt. Heute weiß ich,
was ich mit dem Beten bewirken wollte: meinen Dank
vermehren und mehr Liebe in den Raum zaubern.

Durch das Bewusstsein von Dankbarkeit erhöht sich
sofort die Energie des Raumes, und das Essen bekommt
die schönste Struktur, die es erhalten kann.

● Probiere es selbst aus und sage vor Beginn des Essens
»Danke schön«. Verstärke dies dann mit deiner magischen Handbewegung.

Deine Sinne sind nun aktiviert, und jeder dankbar ge-
nommene Bissen ist ein Feuerwerk, denn die Energie
folgt der Aufmerksamkeit. Deshalb wird dir das Ge-
richt, für das du gedankt hast, noch mehr Gründe liefern, dankbar zu sein.

Auf geht's in deine Küche! Die Intentionen von heute
runden die Köstlichkeiten deines Lebens ab und wer-

8 x 8 Premiumintentionen

den dich überall unbewusst daran erinnern, dich auf das Gewünschte auszurichten.

- Schaue wieder auf die einzelnen Gegenstände oder berühre sie sogar, um deine Premiumintention gemeinsam mit der magischen Handbewegung kraftvoll zu aktivieren.

Gabel: »Ich weiß Bescheid, wo es langgeht. Weggabelungen sind im Voraus bereits fühlbar, und ich wähle den Weg der Premiumvariante durch klare Entscheidungen mit größter Leichtigkeit. Es tut gut, die Variante der Selbstsicherheit mit jeder Benutzung einer Gabel direkt zu spüren und zu leben.«

Messer: »Passend zur Gabel entwickle ich mit jeder Benutzung des Messers eine höhere Form von Selbstsicherheit. Innerhalb der kommenden 30 Minuten bin ich in meinem Leben sicherer und beschützter denn je.«

Löffel: »Jedes Mal, wenn ich mit dem Löffel etwas esse, bin ich weiser. Ich setze diese Weisheit erstklassig um und teile sie mit meinen begeisterten Mitmenschen.«

Mülleimer: »Meinem lieben Mülleimer übergebe ich bei jedem Benutzen Themen, deren Lösung ich meiner höheren Führung überlassen darf. Wenn der Müll

Tag 3: Harmonische Köstlichkeiten der Küche

draußen in der Mülltonne landet, ist es sicher, dass ich mich um dieses Thema nicht mehr zu kümmern brauche. Sobald die Müllabfuhr den Müll abholt, ist mir die Wunscherfüllung gewiss.«

Herd: »Ich liebe mein Leben und das, was ich tue. Ich weiß, dass jeder Tag ein erfüllendes Freudenfest für mich ist. Jedes Mal, wenn ich meinen Herd benutze oder sehe, bin ich mir dessen mehr bewusst.«

Spülmaschine: »Ich bin frei von jeglichen negativen Umwelteinflüssen. Ich genieße positive Erlebnisse und nehme diese bewusst in mein Leben auf.«

Kühlschrank: »Der Kühlschrank ist der einzige Bereich in meinem Leben, der kühl ist. Dadurch, dass der Kühlschrank in der Dualität die Kälte übernimmt, bestimmen ausschließlich Wärme und Zärtlichkeit mein zwischenmenschliches Dasein.«

Gläser: »Mit jedem Glas, aus dem ich trinke, verringert sich die Verzögerung der Antwort des Gesetzes der Anziehung. Ich darf ungeduldig sein, denn dies trägt dazu bei, dass ich Ziele schneller erreiche. Darüber hinaus nehmen Ängste mit jedem Schluck automatisch ab. Ich fühle mich von größerer Lebensfreude erfüllt, weil das Leben ein einziges Freudenfest ist.«

8 x 8 Premiumintentionen

Gewürze: »Ich sehe die Würze meines Alltags und genieße sie in vollem Umfang. Für mich ist alles im richtigen Maß vorhanden, so wie ich es mir immer gewünscht habe.«

Nahrung: »Mir geht es vor, während und nach dem Essen richtig gut. Meine Nahrung füllt meinen physischen Körper mit Dank. Es ist eine Ehre, solch wundervolle Dinge zu schmecken und zu genießen. Die Anerkennung, die ich dem Dienst all der Lebensmittel entgegenbringe, erfüllt mich mit wahrer Wertschätzung der Vielfalt des Lebens gegenüber. Dadurch werde ich jeden Tag von meinen Mitmenschen mehr geschätzt.«

● ● ●

Liebes, du hast es für heute geschafft! Weiter geht's morgen mit deinem Premiumbadezimmer. Dort, wo du dich täglich wäschst, hübsch machst, selbst im Spiegel betrachtest und um deinen Körper kümmerst, liegt ein immenses Energiepotenzial unter der Oberfläche. Dieses wirst du morgen mit Vergnügen entdecken und entfalten.

Übrigens, ich sage immer »Liebes« zu Männern wie Frauen, denn liebevolle Worte lösen liebevolle Gefühle aus – auch wenn es manchmal vielleicht kitschig klingen mag. Wichtig ist, dass es wirkt, und das allein zählt!

Tag 4:
Badezimmer-Glück,
das sich gewaschen hat

Liebes, wenn das Badezimmer noch nicht dein bester Freund ist, wird es das jetzt. Gib ihm fix einen Namen. Wie wäre es mit Premium-Albert oder Beauty-Life? Wähle etwas, das dich zum Schmunzeln bringt. Mein Badezimmer heißt »Tiffy«, und ich liebe es, weil es mich auf vielerlei Weise unterstützt. Beispielsweise darin, dass meine Haare länger schön bleiben, ich mich selbst mit Liebe, Wohlwollen und Anerkennung im Spiegel betrachte, sich meine Wasserrechnung wie von selbst gering hält, und ich gute Laune habe, nachdem ich meine Zähne geputzt habe. Allein die typischen Abläufe im Bad wie Zähneputzen, Duschen, die Toilette benutzen und fünf Minuten für sich allein haben, sind wirklich hoch gehandelte Güter, deren Wert unermesslich ist.

🌑 Mach dir den Wert deines Badezimmers bewusst und potenziere ihn jetzt noch zusätzlich mit den nächsten Premiumintentionen für den heutigen Tag.

Ich bin stolz auf dich und begeistert, dass du Tag 4 mit solch grandioser Energie angehst. Ich weiß es, weil ich es schon beabsichtigt habe, als ich dieses Kapitel schrieb.

8 x 8 Premiumintentionen

Waschbecken: »Ich beabsichtige, dass ich mir mit jedem Händewaschen und jeder Berührung des Wasserhahns mehr bewusst bin, welch wundervoller Mensch ich bin. Ich bin aufrichtig und fühle mich gut und sicher im Umgang mit mir selbst und anderen.«

Dusche: »Meine Dusche reinigt mich von negativen Einflüssen vom Tag und der Nacht und lässt feinste Partikel goldener, silberner und violetter Freudenenergie auf mich plätschern. Sie reinigt ebenso das gesamte Badezimmer selbstständig von all den energetischen Überresten, die ich dort entspannt und befreit zurücklasse. Die Dusche ist ein verantwortungsvoller und verlässlicher Mitarbeiter.«

Kontrolldenken ist hier fehl am Platz!

Übrigens musst du dich nicht krampfhaft konzentrieren. Als ich das Programm ausprobierte, konnte ich mich schon nach dem dritten Satz einer Intention nicht mehr an den ersten erinnern. Dies hat mir dann auch meine Testgruppe bestätigt. Beim Setzen einer Intention ist lediglich die Konzentration in dem Moment wichtig, nicht aber die Kontrolle über das Erinnerungsvermögen.

Spiegel: »Immer wenn ich in den Spiegel schaue, sehe ich das Beste von mir! Und immer wenn ich mich in Bestform sehe, sehe ich folglich nur das Beste meiner Umwelt, da meine Welt mir ein Spiegel ist. Spiegel

Tag 4: Badezimmer-Glück, das sich gewaschen hat

sind etwas Wundervolles, denn sie zeigen mir, wo ich gerade stehe. Es ist mir ein Leichtes, mit jedem Tag noch glücklicher mit meinem Spiegelbild zu sein.«

Zahnbürste: »Meine Zahnbürste kümmert sich darum, dass meine Zähne sich absolut wertgeschätzt fühlen und gesund und schön sind. Ich bin mir bewusst, dass Wertschätzung neben Liebe eine der wirkungsvollsten Energien ist. Meine Zähne haben höchste Wertschätzung verdient.«

Zahnpasta: »Diese besondere Substanz enthält eine Mischung aus Liebe, Genialität, Dankbarkeit und Besonderheit. Immer wieder bin ich von der Wirkung dieser Zaubersubstanz überrascht und dankbar, wie sehr sie mein Leben auf geheimnisvolle Weise bereichert.«

Toilette: »Dieser wundervolle Porzellangegenstand nimmt alle alten Muster bei jedem Spülen in eine Transformationsstelle mit, in der alles zu klarem Wasser wird und ich somit mein Potenzial voll und ganz lebe. Ich bin meiner Toilette dafür dankbar, dass sie alte Rückstände, die sich in meinem Körper angesammelt haben, mitnimmt und mich für diese Aufgabe sogar noch mit guter Verdauung und einem angenehmen Bauchgefühl belohnt. Weiterhin verstärke ich diese Variante mit jedem Lächeln auf der Toilette, bei der Erinnerung an die Premiumintention.«

8 x 8 Premiumintentionen

Handtücher: »Jedes Handtuch, das ich in der Hand halte, setzt einen Geldfluss auf mein Konto in Gang. Ich werde mit jeder Berührung eines Handtuchs reicher. Immer wenn ich an diese Intention denke, ob positiv oder gar spöttisch lächelnd, verstärkt sich diese Variante um ein Vielfaches. Ich liebe Handtücher!«

Waschmaschine: »Ich bin stets im Reinen mit mir selbst. Diese Variante wird bei jeder Berührung mit der Waschmaschine verstärkt.«

Wäschetrockner: »Mein Wäschetrockner macht nicht nur meine Wäsche trocken und kuschelig, sondern bringt auch meine Finanzen ins Trockene, sodass ich immer mehr kuschlige Momente genießen kann. Weiterhin muss ich meine Wäsche fast nie bügeln, da sowieso alles glattläuft.«

● ● ●

Du hast Tag 4 dieses Programms vollendet, und ich weiß, dass es dir leichtfällt, die folgenden drei Tage deine Entscheidungskraft noch mal wie von allein um einiges zu erhöhen. Jedoch erteile ich dir hiermit einen Voraus-Lese-Stopp! Halte deine Tagesvorgaben für die Intentionen unbedingt ein. Dein energetisches Niveau hat sich bereits erhöht, und alles, was du jetzt beabsichtigst, wird noch schneller mit dir in Resonanz gehen und sich in deiner Welt zeigen.

Tag 5:
Erholung und Genuss
im Schlafzimmer

Heute dreht sich alles um einen Platz, an dem du viel Zeit verbringst. Das Schlafzimmer soll für dich ein Ort der Erholung und der Leidenschaft sein. Von Liebe, Freude, Glück und Genugtuung kann man nie genug haben.

Es ist eine wunderbare Entscheidung, sich für diese Essenzen zu öffnen, und du bist gerade dabei, dies zu tun. Somit handelst du bewusst für dich und auch deine Umwelt beziehungsweise das Kollektiv. Mit einer positiven Ausstrahlung teilst du mit der Welt deine grandiose Art und erhellst somit die Gesamtsumme der Frequenzen auf diesem Planeten.

Du kannst die heutigen Intentionen direkt vor dem Einschlafen setzen, wenn du schon bettfertig und im Schlafzimmer bist. Denk an deine magische Handbewegung ...

Bett: »Mein Bett kümmert sich um die Premiumerholung. Ich weiß mit jeder Nacht in meinem Bett mehr, dass ich so sein darf, wie ich bin.«

8 x 8 Premiumintentionen

Bettdecke: »Liebe Bettdecke, du hast ein unglaublich zärtliches Wesen. Ich liebe dich dafür, dass du dich so gut um meine Leidenschaft und Lust kümmerst. Ich bin bezüglich meines Sexuallebens ausgeglichen und überglücklich.«

Kopfkissen: »Mein Kopfkissen aktiviert den Anschluss meiner Zellen an schwarze Löcher. Sie saugen zellulären Abfall in meinem Körper auf und liefern mir im Tausch mit Sauerstoff, Liebe und Dankbarkeit gefüllte Energie.«

Kleiderschrank: »Ich fühle mich mit jedem erneuten Tragen meiner Kleidung noch energiegeladener, hübscher und motivierter als zuvor. Ich bin jeden Tag gespannt und neugierig, wie meine Kleidung mit angenehmen Überraschungen wieder zu mehr Selbstliebe beiträgt. Und wenn ich ein Kleidungsstück aussortiere, tue ich das mit gutem Gewissen, da mir bewusst ist, dass sich nun ein weiterer Aspekt meiner Selbstliebe vollständig gefestigt hat. Alles ist so lange bedingungslos liebend für mich da, wie ich es wünsche.«

Nachttisch: »Jeden Abend, wenn der Blick bewusst oder unbewusst auf den Nachttisch fällt, lege ich dort in einer imaginierten violetten Flamme ab, wofür ich an diesem Tag keine Lösung hatte. Und am nächsten Morgen, wenn meine Füße den Boden berühren, hat sich bereits die beste Variante bezüglich des abge-

Tag 5: Erholung und Genuss im Schlafzimmer

gebenen Themas zu 100 Prozent installiert. Welch großartige Erfindung und Unterstützung mein Nachttisch ist.«

Schlafanzug: »In den Sachen, die ich nachts trage, fühle ich mich beschützt. Sie zeigen mir auf subtile, tief greifende Art, dass alles, was mir nah ist, gut für mich ist und besten Einfluss auf mich hat.«

Lichtschalter: »Mein Lichtschalter ist ein wunderbarer Gegenstand. Selbst wenn ich aus dem Staunen nicht mehr herauskomme, muss ich sagen: Ich fühle mich mit jedem Licht An- und Ausschalten erhellter, wissender und lichtdurchfluteter. Mein Sonnengeflecht ist von strahlendem Licht erfüllt. Der Gedanke an Stromkosten ist schon lange passé, da ich weiß, wie viel Gutes mich mit jedem An- und Ausschalten des Lichts erwartet.«

Türrahmen: »Meine Türrahmen sorgen für klare Energien im Hier und Jetzt und helfen mir, Altes hinter mir zu lassen. Ich bin mir bewusst, dass jeder Moment individuell ist und die Erinnerung und wichtiges Wissen immer abrufbar sind, wenn ich sie benötige. Ich spüre eine regelrechte Befreiung, wenn ich durch den Türrahmen hindurchgehe.«

Türklinke: »Ich habe mein Leben in der Hand, und ich weiß dank meiner Türklinken-Intention, dass ich

57

8 x 8 Premiumintentionen

Lenker meiner Realität bin. Das zeigt sich daran, dass alles, was ich beabsichtige, leicht in mein Leben getänzelt kommt. Ist das zu fassen? An dieser Stelle ein großes Danke an alle Türklinken dieser Welt, weil sie dafür sorgen, dass ich es in der Hand habe.«

Rollladen: »Jedes Mal, wenn ich den Rollladen hochziehe, kommt frische Energie in den Raum. Jedes Mal, wenn ich den Rollladen herunterlasse, erlaube ich mir mehr, mit meinem Bewusstsein zentriert bei mir selbst zu sein.«

● ● ●

Achte auf den Faulenzer-Tipp!

Wenn der kleine Faulenzer in dir gehört werden will, missachte ihn nicht! Viele Dinge, die wir uns vornehmen, scheitern daran, dass wir sie uns nur vornehmen und nicht tun. Tun bedeutet jedoch, es so anzugehen, wie es zu dir passt.

- Wenn also die Stimme des Faulenzers und der Ausreden im Kopf auftaucht und dir zu sagen versucht, dass du nicht mit solch versteiftem Denken an die Sache rangehen sollst, nutze folgende Strategie:

Tag 5: Erholung und Genuss im Schlafzimmer

Frage dich: »Wenn der faulenzende Teil in mir ein Tier wäre, welches wäre es?«

Dann frage das Tier direkt, was es dir sagen will und warum es da ist. Meist macht es dann eine Bewegung oder spricht sogar. Deute das Bild für dich und nimm es dir zu Herzen.

Ob du nun eine Antwort von dem Tier bekommen hast oder nicht, gib dem energetischen Helfer in jedem Fall eine Aufgabe, die du selbst ausgewählt hast.

Beispielsweise könnte das sein, dir mehr Zeit am Tag zu verschaffen oder deine Hektik zu transformieren. Mein Faultier kümmert sich hervorragend um meine Motivation, Dinge zu erledigen.

Energetische Helfer wollen ständig expandieren und sich weiterentwickeln. Sie machen irgendetwas, um ihre Langeweile zu vertreiben. Sie lieben es umso mehr, eine Aufgabe für dich zu erledigen. Gib dem Faulenzer-Tier in dir eine Aufgabe und gleite gelassen und voller Enthusiasmus durch dieses 7-Tage-Programm.

Exkurs
zur Installation
energetischer Helfer

Die verblüffende Übung mit dem Faulenzer-Tier kannst
du variieren und auf die Lösung anderer Probleme anwenden. Ich habe beispielsweise einen Kraken unter
dem Bett, der sich um meine Premium-Ernährung
kümmert, und einen Wachhund vor der Tür, der mich
nachts behütet, sodass ich entspannt und sicher schla-
fen kann.

Ich weiß, dass dies alles absurd klingt, wenn man das
erste Mal damit in Kontakt kommt. Ich selbst muss auch
immer wieder schmunzeln, wenn ich an meine zahlreichen energetischen Helfer und ihre lustigen Aufgaben
denke.

Seien wir mal ganz ehrlich: Wie oft ist uns langweilig
im Leben? Wie oft machen wir uns das Leben mit tief
greifenden Themen schwer und mühsam? Beides können wir mit der Installation und Unterstützung von kleinen Energiewesen und Helfern erleichtern. Das klingt
kindisch und ist es auch. Werdet wie die Kinder … Im
Sinne von werdet freier und von Leichtigkeit geführt.

Du weißt nun also, wie du dir ein Faulenzer-Tier zu-
legen kannst. Wenn du möchtest, kannst du an dieser

8 x 8 Premiumintentionen

Stelle einen kleinen Exkurs zur Installation energetischer Helfer machen und dir acht Minuten für die folgende Übung nehmen. Mithilfe dieser Übung kannst du dir beispielsweise eine Anti-Stress-Mücke, einen Geld-Esel und Selbstsicherheits-Panda installieren. Du kannst jedoch jederzeit zu dieser Seite zurückkehren und diese Aufgabe fürs Erste überspringen. Sie ist kein fester Bestandteil für das 7-Tage-Programm.

- Wähle für die Installation der energetischen Helfer zunächst aus, in welchen Bereichen bzw. für welche Themen du gern Unterstützung hättest. Auf den nachfolgenden Seiten kannst du deine Notizen machen und dir die typischen Fragen zur Installation eines energetischen Helfers stellen. Ich erkläre dir zuerst den Ablauf, und dann beginnen wir gemeinsam mit der Aufräumarbeit.

Die typischen Fragen zur Installation eines energetischen Helfers

Wenn der Teil zum Thema X in mir ein Tier wäre, welches wäre es?

Dann frage das Tier direkt: »Was willst du mir sagen, und warum bist du da?«

Entweder macht das Tier dann eine symbolische Bewegung oder spricht sogar zu dir. Frage dich dann weiter: Wie kann ich das Bild oder die Worte deuten?

Exkurs zur Installation energetischer Helfer

Danach gibst du dem Tier bestenfalls einen Namen und eine Aufgabe. Stell dir die Frage: Welche Aufgabe möchte ich dem Tier geben? Gib dies dann in Gedanken an das Tier weiter. Das geschieht bereits, wenn du daran denkst, dass du dem Tier eine entsprechende Aufgabe gibst. Stell dir also das Bild vor, wie du deinem neuen energetischen Helfer eine Aufgabe überträgst, der diese dankend und freudig annimmt und sich daraufhin sofort an die Arbeit macht.

Notiere auf den folgenden Seiten deine Antworten, welche Tiere für welche Aufgabe stehen. Denke an den Vermerk des Datums, denn du wirst dich beim erneuten Blick auf diese Seite später sehr wundern, was alles in der Zwischenzeit geschehen durfte. Eventuell fällt dir sogar auf, in welchen Situationen die energetischen Helfer zur Stelle waren. Wenn du genau hinsiehst, wirst du ihre Hilfe bemerken und sehr zu schätzen wissen. Die meisten Helfer jedoch halten sich bedeckt, da wir Menschen uns so schnell und gern gruseln und, egoistisch wie wir oft sind, mit Ergebnissen nur dann zufrieden sind, wenn wir sie *allein* erzielt haben.

8 x 8 Premiumintentionen

● **Mein energetischer Helfer zum Thema**

_____

_____

_____

In welchem Thema oder Bereich möchte ich unterstützt werden? (Schreibe deine Antwort so genau wie möglich)

_____

_____

_____

Wenn der Teil zum Thema x in mir ein Tier wäre, welches wäre es?

_____

Was willst du mir sagen, und warum bist du da?

_____

_____

_____

Exkurs zur Installation energetischer Helfer

Wie kann ich die Worte oder Bewegung deuten?

_____

_____

_____

Welche Aufgabe übergebe ich dem Tier jetzt?

_____

_____

_____

Wie soll mein energetischer Helfer heißen?

_____

Datum der Installation: _____

Unterschrift: _____

8 x 8 Premiumintentionen

● Mein energetischer Helfer zum Thema

_____

_____

_____

In welchem Thema oder Bereich möchte ich unterstützt werden? (Schreibe deine Antwort so genau wie möglich)

_____

_____

_____

Wenn der Teil zum Thema x in mir ein Tier wäre, welches wäre es?

_____

Was willst du mir sagen, und warum bist du da?

_____

_____

_____

Exkurs zur Installation energetischer Helfer

Wie kann ich die Worte oder Bewegung deuten?

_____

_____

_____

Welche Aufgabe übergebe ich dem Tier jetzt?

_____

_____

_____

Wie soll mein energetischer Helfer heißen?

_____

Datum der Installation: _____

Unterschrift: _____

8 x 8 Premiumintentionen

● **Mein energetischer Helfer zum Thema**

_____

_____

_____

In welchem Thema oder Bereich möchte ich unterstützt werden? (Schreibe deine Antwort so genau wie möglich)

_____

_____

_____

Wenn der Teil zum Thema x in mir ein Tier wäre, welches wäre es?

_____

Was willst du mir sagen, und warum bist du da?

_____

_____

_____

Exkurs zur Installation energetischer Helfer

Wie kann ich die Worte oder Bewegung deuten?

_____

_____

_____

Welche Aufgabe übergebe ich dem Tier jetzt?

_____

_____

_____

Wie soll mein energetischer Helfer heißen?

_____

Datum der Installation: _____

Unterschrift: _____

Ich bin schon so gespannt, was du mit deinen individuellen energetischen Helfern erleben wirst und freue mich für dich, dass du bereit warst und nun bist, Arbeit zu delegieren. Das ist ein großer Schritt in deiner inneren Entwicklung.

8 x 8 Premiumintentionen

Genieße die Wirkung des hyperaktiven DTTB-FP

Für die Hyperaktiven unter uns habe ich natürlich ein ganz besonderes Paket geschnürt: das DTTB-FP (Dreifach-Traubenzucker-Tierhelfer-Boost-Fress-Paket)

Mit dem DTTB-FP unterstützt du deinen energetischen Helfer gleich auf mehreren Ebenen. Zum einen führst du ihm mehr Energie zu. Zum anderen rückst du die Variante, in der er dir hervorragend geholfen hat, näher in dein Leben – verbal, visuell und kinästhetisch.

Der Prozess läuft folgendermaßen ab:

- Du setzt dich entspannt in deinen Lieblingssessel. Neben dir befindet sich eine Uhr mit Sekundenzeiger.

- Für den Zeitraum von 30 Sekunden sprichst du laut aus, um was dein energetischer Helfer sich kümmern soll. Hier geht es um Fakten.

- Daraufhin stellst du dir 30 Sekunden lang vor, wie dein Helfertier dabei ist, seine Arbeit zu verrichten. Wie sieht es nachher aus, wenn dies zu deiner vollsten Zufriedenheit erfüllt wurde?

- Jetzt geht es um das Gefühl, das du empfindest, wenn sich die Sache komplett erfüllt hat und dein Tier gar nicht weiter benötigt wird, weil das Thema für dich

Exkurs zur Installation energetischer Helfer

gelöst wurde. Dazu stellst du dir vor, wie es sich anfühlt, wenn du diese Stufe erreicht hast. Halte dieses Gefühl 30 Sekunden lang fest und breite es immer mehr aus, bis es den ganzen Raum ausfüllt.

Damit du dir diese Übung noch besser vorstellen kannst, illustrieren wir sie am Beispiel des Selbstsicherheits-Panda.

- Du sitzt in deinem Lieblingssessel mit der Uhr an deiner Seite und beginnst jeweils 30 Sekunden lang das Folgende zu tun und zu fühlen:

Mein Selbstsicherheits-Panda kümmert sich darum, dass ich mich bei der Arbeit wohlfühle, wenn ich durch das Großraumbüro gehe; dass ich ein strahlendes Gesicht aufsetze, wenn der Chef mich in sein Büro ruft; dass ich zurücklächele, wenn mich der Kassierer anlächelt …

Ich sehe mich, wie ich im Büro beim Chef stehe und ruhig und freundlich mit ihm rede. Ich muss schmunzeln, da ich regelrecht sehe, wie der Panda hinter dem Chef steht und ihm die Ohren langzieht. Ich unterhalte mich in einem Café mit einem netten Menschen und spüre, wie der Panda mir die Schultern nach hinten zieht und den Kopf gerade rückt.

Ich spüre das Gefühl von Selbstsicherheit in meinem Bauch. Es ist angenehm warm und füllt auch meinen

8 x 8 Premiumintentionen

Rücken aus. Dieses Gefühl verstärke ich jetzt und lasse es wie eine Spirale schneller bis in den ganzen Raum drehen. Es verteilt sich und fühlt sich gut an.

● ● ●

Du hast heute einen richtig guten Job gemacht. Schätze deine Entscheidungen wert, denn sie sind wertvoll!

Nun kommst du zu Tag 6 und deinem Büro. Wenn du kein Büro haben solltest, kannst du die Premiumintentionen trotzdem setzen. Wähle den Platz, an dem du deinen Papierkram ordnest und buchhalterische Aufgaben erledigst.

Tag 6:
Sortiertes Wohlbefinden
im Büro

Ich habe dir ja gesagt, dass sich dein energetisches
Niveau erhöht hat, und genau deshalb bist du nun auch
bereit für »BÄM«, das Amen der Neuzeitschamanen.

»BÄM« bedeutet Freiheit, Freude und Leichtigkeit
im Kreieren. Du birgst das Potenzial, alles zu bekommen, zu sein oder zu haben, das du dir erträumst. Nachdem du deine Premiumintentionen gesetzt und mit der
magischen Handbewegung die Zielfrequenz aktiviert
hast, kannst du ein kraftvolles »BÄM« sprechen und
somit die Freude über deine Freiheit in Sachen Entscheidungen ausdrücken.

Doch Achtung, das Wort »BÄM« ist nur für Menschen
gedacht, die auch wirklich bereit für mehr Leichtigkeit
sind. Wenn du es nicht sein solltest, wird die Leichtigkeit sich trotzdem durch das Fenster des Waschraums
bis in dein Schlafzimmer schleichen und dir das Leben
so leicht und freudvoll machen, dass du völlig überrascht bist.

● Die heutigen Intentionen:

8 x 8 Premiumintentionen

(Drucker-)Papier und Notizbücher: »Jedes Papier nimmt seine bestmögliche Form an. Ich entspanne mich und weiß, dass ich mich jederzeit neu entscheiden darf.«

E-Mail-Postfach: »Mein E-Mail-Postfach ist wie eine kleine lila-grüne Liane, die sich um Premiumnachrichten, gute Präsenz und Reputation und klare, liebevolle Konversation kümmert.«

Bürostuhl: »Ich lehne mich zurück und sehe, wie effektiv meine Welt sich um die Realisierung meiner Premiumintentionen kümmert. Emotionen sind für mich ein Tanz des Lebendigen, der mich erfrischt und vitaler macht. Ich liebe meinen Bürostuhl, der mir das gütige, freudige Spiel des Lebens immer wieder auf entspannte Weise bewusst macht. Mit jedem Tag bin ich ausgeglichener und zufriedener.«

Schreibtisch: »Jedes Mal, wenn ich an meinem Schreibtisch sitze, verwirkliche ich mich selbst wie von allein – und das täglich mehr!«

Stifte: »Mein Fokus ist freudig auf das ausgerichtet, was das Beste für mich ist. Ich bin mir mit jeder Berührung eines Stiftes mehr bewusst, dass alles, was ich tue, dazu beiträgt, dass ich meine Ziele erreiche.«

Tag 6: Sortiertes Wohlbefinden im Büro

Ordner: »Intuitiv finde ich alles, was ich brauche, immer dann, wenn ich es brauche. Meine Ordner sind die Helfer dafür, dass ich alles schnell finde und mir Ordnung halten leichtfällt. Ich liebe meine individuelle Ordnung und freue mich, dass sie auf mich und mein Umfeld harmonisch abgestimmt ist.«

Pflanzen: »Meine wunderhübschen Pflanzen sorgen dafür, dass alles im grünen Bereich ist und ich zugleich an jedem einzelnen Tag die Frische verspüre, nach der ich mich schon immer gesehnt hatte. Danke für die Erfüllung meiner Träume.«

PC und Laptop: »Mein PC oder Laptop reagiert immer genau so, wie ich es mir wünsche: schnell, sicher, zuverlässig und leicht verständlich – ein tolles Ding, an dem ich wahre Freude habe. Diese Freude spiegelt mir mein Leben in tiefem Frieden mit früheren Bekanntschaften wider.«

Internetverbindung: »Das Internet integriert in mir automatisch jedes Mal tiefer das Gefühl der Freiheit, mich völlig zu entfalten und aus einer köstlichen Vielfalt das für mich Beste auszuwählen.«

● ● ●

8 x 8 Premiumintentionen

Für heute hast du es geschafft, und ich wünsche dir einen wundervollen Tag und eine Premiumnacht! Lass es dir supergut gehen, denn weniger ist nicht genug. Bei dieser Gelegenheit gestehe ich dir auch, dass seit der Aktivierung der Schlafzimmer-Intentionen auch ein besseres Durchschlafen bei dir integriert wurde, ebenso wirst du wahrscheinlich feststellen, dass du nachts weniger auf die Toilette musst.

Bis morgen, schlaf gut …

Tag 7:
Beschützte Zeit
spielerischer Harmonie
im Kinderzimmer

Du bist bei Tag 7 angekommen und noch lange nicht am Ende angelangt. Jetzt erst wirst du die Ernte einfahren und dich wundern, wie so »wenig« Einsatz so viel Wundervolles auslösen kann.

● In diesem Kapitel geht es um dein inneres Kinderzimmer. Erinnere dich an dein erstes Kinderzimmer und lege dort die Premiumintentionen auf die jeweiligen Gegenstände ab.

Was ich an diesem Kapitel liebe, ist, dass du deine Vergangenheit beeinflusst und Frieden mit alten Energien schließen kannst. Nach der Quantenphysik existiert alles gleichzeitig. Es gibt keine Vergangenheit, Gegenwart oder Zukunft. Dieses Wissen machst du dir hier zunutze und räumst in deinem Energiefeld noch mal richtig auf. Du wirst begeistert sein …

Spielzeug: »Freude bedeutet Genialität. Wenn ich in Freude lebe, bin ich als Mensch am genialsten. Ich bin

8 x 8 Premiumintentionen

ein Wissender und agiere aus diesem Zustand heraus stets mit sicherem Erfolg, Würde, Achtung und allumfassender Liebe. Jedes meiner Projekte gelingt, weil ich gelebte göttliche Intuition in Form von Materie bin.«

Bett: »In jeder Nacht löse ich auf Seelenebene jegliche Konflikte auf Mutter- und Vaterebene vertrauensvoll und in dem göttlichem Wissen, welch großartige Aufgabe dahintersteckt. Mit jedem Tag leuchtet mein göttliches Wesen dadurch heller und freudiger, was sich auch auf das Verhältnis meiner Eltern zueinander und meinem zu ihnen friedlich auswirkt.«

Schreibtisch: »Erwartungen von anderen erinnern mich daran, selbst zu wählen, was ich möchte. Ich lebe mein größtes Potenzial und wähle bewusst, angenommen zu sein.«

Tipp für Mamas und Papas

Du kannst dieses Kapitel auch gemeinsam mit deiner Tochter oder deinem Sohn noch mal durchgehen. Dies wird die Beziehung zwischen euch sowie die Energie in der ganzen Familie bereichern. Wenn du nicht weißt, wie du deine Familie dazu bringst, sie für 8 x 8 Premiumintentionen zu begeistern, kannst du trotzdem folgende Methode verwenden, um für die ganze Familie einen Nutzen zu kreieren:

Tag 7: Zeit spielerischer Harmonie im Kinderzimmer

- Setze die Intentionen für die einzelnen Mitglieder der Familie. Das bedeutet, dass du stellvertretend für die Person handelst. Jedes Mal, wenn du nun eine Intention setzt, kannst du diese danach für jede einzelne Person erneut setzen. Sprich zuvor folgenden Satz: »Ich beabsichtige, dass die folgenden Intentionen für xy besonders stark wirken.« So kannst du das 7-Tage-Programm auch für deine Liebsten aktivieren und wirst bestimmt schon bald merken, welch intensive Harmonie dies ins Haus bringt.

Fragst du dich manchmal, ob es okay ist, wenn du für andere Intentionen setzt? Das haben mich schon einige Menschen gefragt, und ich musste jedes Mal schmunzeln, denn ich habe mir diese Frage von Zeit zu Zeit auch immer wieder gestellt.

Bleiben wir an dieser Stelle einfach ehrlich und egoistisch und blicken für einen Moment auf die Sachlage. Wir Menschen sind ziemlich egoistische Wesen. Ich hoffe, jeder hat eine passende Definition dieses Wortes. Der Duden verwendet für das Wort egoistisch Synonyme wie eigennützig oder auf den eigenen Vorteil bedacht sein. Dies hat nichts mit rücksichtslos oder allein sein zu tun. Als Kind war mir völlig bewusst, dass das, was ich wollte, natürlich auch das Beste für die anderen ist. Von dieser Auffassung kommen seltsamerweise immer mehr Menschen weg, je älter sie werden.

Doch bei dir muss dies nicht so sein. Du bist an einen Punkt in diesem Buch – wie auch in deinem Leben –

8 x 8 Premiumintentionen

geraten, an dem du bereit bist, wieder den wichtigsten Menschen in diesem Universum an erster Stelle zu setzen: DICH. In deinem Leben geht es um dich und wenn sich jeder um sich selbst hervorragend kümmert und bekommt, was er möchte, sind wir von glückseligen Menschen umgeben. Noch dazu könnte jeder Mensch die Energie von dem ständigen *erahnen müssen, was andere wollen,* für seine und die gemeinsame Wunscherfüllung nutzen.

Du bist also frei, dich wieder um dich selbst zu kümmern, da du dann das Beste in die Welt hinaus gibst und ein authentisches Vorbild für ein glückliches Leben bist.

Intentionen sind Absichten, die sich positiv auf uns und unser Umfeld auswirken sollen. Wenn sich jemand entscheidet, eine negative Intention setzen zu wollen, entlädt sich diese unangenehm bei ein und derselben Person. Der Grund dafür ist, dass wir zwar immer nur unser eigenes Leben, aber zugleich auch unser Umfeld verändern können. Wenn jemand eine negative Emotion ausstrahlt, erhält er diese in seinem Leben zurück. Wir können also nur unser eigenes Leben und die Wahrnehmung unseres Umfeldes beeinflussen, nicht aber die Person. Wenn du etwas Bestimmtes von jemandem möchtest, kannst du eine Intention setzen, dass das Gewünschte in dein Leben tritt. Nichtsdestotrotz hat jede Person einen freien Willen, und wir können nicht erwarten, dass genau diese unseren Wunsch erfüllt.

Wenn sich deine Mitbewohner nicht für Spirituelles interessieren, liegt dies meist daran, dass sie unsicher in

Tag 7: Zeit spielerischer Harmonie im Kinderzimmer

Bezug auf dieses Thema sind oder Negatives aus ihrem Umfeld (besonders den Eltern) gehört und erfahren haben. Wenn du ihnen, ohne sie überzeugen zu wollen, die Bereicherung und den Nutzen von 8x8 Premiumintentionen lieferst – d.h., dass du Intentionen für sie setzt –, wird sich ihre Seele wie von allein sicherer und offener im Umgang mit solchen Dingen fühlen. Daraus resultiert dann beispielsweise, dass ich Mails erhalte, in denen zum Beispiel steht: »Mein Mann hat sich nie für *solchen Quatsch* interessiert, den ich schon seit Jahren mache. Doch jetzt ist er wie ausgewechselt. Er hat nach meinem Programm gemerkt, dass etwas im Haus anders ist und hört mir jetzt sogar zu. Er hat mit mir gestern sogar einen energetischen Helfer für seine Arbeit installiert. Ich bin begeistert! Dank dir, Jayc, für dein Büchlein.«

> Boden: »Alles ist in allem, und ich schöpfe meine Wunscherfüllung aus dem gigantischen Potenzial des Universums, aus mir. Ich habe meinen Platz in diesem Universum und spiele in meinem Leben die Hauptrolle. Ich erlebe täglich Bewegung, Begegnung und Bewegtsein.«

> Schulsachen: »Ich beabsichtige durchdringend, meine wahre Größe zu leben und täglich noch facettenreicher zu lieben. Ich bin gespannt und neugierig, welch wundervolles Wesen ich wahrhaftig bin, und ich freue mich sehr, dies spielerisch zu entdecken.«

8 x 8 Premiumintentionen

Kleidung: »Ich befinde mich nie am gleichen Platz und weiß, dass chronische Dinge eine fiktiv geschaffene Art meiner Selbstwahrnehmung sind. Sie dienen nur der intensiveren Erfahrung meines Seins. So wie sich die Erde im Sonnensystem und das Sonnensystem im Universum stetig weiterentwickelt, stehe auch ich nie am selben Punkt, selbst wenn es ab und an so wirken mag. Dieses tiefe Wissen der stetigen Weiterentwicklung hat sich nun in meinem Urinstinkt integriert und ist ständig verfügbar. Ich kann zu jeder Zeit mit gutem Gewissen sagen, dass ich auf dem höchsten Entwicklungsstand bin.«

Du hast soeben deine 63. Premiumintention gesetzt, und ich bin so glücklich und stolz, dass du dein 7-Tage-Programm so gut absolviert hast. Das zeigt, dass du wirklich für all das Gute bereit bist.

Im nächsten Kapitel vollendest du dein Werk mit der 64. Intention und erreichst dadurch die Struktur, aus welcher alles Göttliche entsteht. Ob du heute oder morgen deine 64. Intention setzt, ist egal. Wichtig ist, dass du sie so bald wie möglich setzt, denn sie macht aus dem Ganzen ein stabiles Konstrukt. Mehr dazu im nächsten Kapitel. Worauf wartest du?

Nach dem
7-Tage-Programm

Liebes, sei bitte gut zu dir! Dieses Programm wird einiges in Gang setzen, und ich bin mir sicher, dass du ab und an meinen könntest, einen Rückschritt gemacht zu haben. Das liegt daran, dass sich alte Emotionen aus deinen Zellen lösen und du dich nun auf eine neue Frequenz einstimmst. Dieses Buch ist so gestaltet, dass du wirklich alles richtig machen kannst. Zum Abschluss setzt du die 64. Intention zur göttlichen Vollendung deines Premium 7-Tage-Programms. Vorab möchte ich ein bisschen Hintergrundwissen zum 64-Tetraeder-Gitternetz geben, um dich optimal auf diese kraftvolle Intention vorzubereiten.

Das 64-Tetraeder-Gitternetz
birgt viel Potenzial

Jeder Gedanke, jedes Wort ist Schwingung, und jede Schwingung ist eine Frequenz. Jede Frequenz hat eine Anordnung und kann geometrisch abgelichtet werden. Im Zentrum der geometrischen Bestandteile des Torus

8 x 8 Premiumintentionen

findet sich die Singularität, das Nullpunktfeld, in dem sich Raum-Zeit-Struktur und Vakuum ausbalancieren.

In den zwölf Linien des Kuboktaeders tarieren sich alle Kräfte im Ruhezustand des absoluten Nullpunktes aus. An jeden Kuboktaeder werden acht Tetraeder auf die äußeren Dreiecksflächen angesetzt. Acht solche modifizierten Kuboktaeder zusammen ergeben das 64-Tetraeder-Gitternetz.

Anders ausgedrückt: Das im Hebräischen verwendete Wort für Gott »Jahwe« heißt Tetragramm. Gott ist der Grundbaustein des 64-Tetraeder-Gitternetzes. Ein perfekt stabiler, supraleitfähiger und suprafluider Trägerstoff mit unendlichem Energiepotenzial, welcher mit jedem Punkt im Universum verbunden ist.

In der Numerologie ist die 64 auch die Zahl des Hexagramms und bedeutet Vollständigkeit und Vollkommenheit. Die Quersumme 10 bedeutet Vollkommenheit in sich, wobei die 6 als Potenz mit Erschaffung und Entstehung zu tun hat. Die 4 steht in der Numerologie für Stabilität.

Mit diesem Büchlein habe ich für dich ein 64-Tetraeder-Gitternetz aus reinen Premiumintentionen erschaffen, das aufgrund seiner geometrischen Anordnung ein unendliches Energiepotenzial in sich birgt. BÄM!

Lass dich vom 64-Tetraeder-Gitternetz unterstützen

Du kannst dir auf *www.jaycjayarts.com* im Kunst-Shop kostenfrei ein Hintergrundbild von dem 64-Tetraeder-

Nach dem 7-Tage-Programm

Gitternetz für dein Handy herunterladen. Die heilige Geometrie wirkt immens erhellend und stabilisierend auf unser Gemüt. Genauso wie ich beispielsweise in meinen Chats immer das Quantengemälde Wohlwollen als Hintergrundbild habe, gibt es so viele Möglichkeiten, seine Frequenzen mit Leichtigkeit auf Gewünschtes einzuschwingen. Und weil du lange genug in ihr gebadet hast, wirst du diese mit der Zeit wie von allein ausstrahlen.

Aktivierung des 64-Tetraeder-Gitternetzes

8 x 8 Premiumintentionen

● Mit dem neuen Wissen an Bord setzen wir jetzt gemeinsam die 64. Intention, welche die Wirkung des Gitternetzes in ihrem vollen Ausmaß aktiviert. Atme noch einmal tief durch und richte dich auf, um dann loszulegen.

Potenzialaktivierung: »Mit dieser 64. Intention formiere ich all meine gesetzten Intentionen in die Anordnung der geometrischen Figur des 64-Tetraeder-Gitternetzes, der göttlichen Struktur des Universums, aus der alles Leben entsteht. Die Kraft des Universums unterstützt meine Intentionen. Meine Intentionen unterstützen kraftvoll das Universum.«

Tatendrang ist okay!

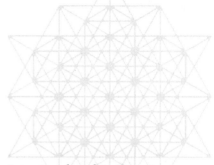

Besonders die letzte Intention hat dein Premiumzuhause energetisch stabil gemacht. Nun ist die Installation vollständig, und wie du weißt, endet der Prozess der Verbesserung niemals. Das ist trotzdem kein Grund, sich zu ärgern.

Wir werden immer wieder Neues finden, das uns begeistert und das wir verändern möchten. Nichts ist statisch, alles ist in Bewegung und nie gleich. Sonst gäbe es keine Expansion. Deshalb gebe ich dir jetzt zusätzlich drei Werkzeuge an die Hand, mit denen du nach dem Programm aktiv arbeiten kannst. Du lernst, wie du dein 7-Tage-Programm nachträglich weiterhin fabelhaft nutzt und seine Wirkung verstärkst.

Tipp 1
Setz dir einen Abgleichtermin für die Neuausrichtung

Wenn sich etwas ändert, verschwindet die Erinnerung an den alten Zustand meist komplett aus unserem Bewusstsein. Im Premiumvarianten Coaching arbeite ich immer wieder mit Menschen, die ihr Problem nach der Veränderung komplett vergessen. Ein Problem besteht

8 x 8 Premiumintentionen

aus mehreren Schichten. Somit erscheint es manchmal schwer, Veränderungen tatsächlich wahrzunehmen.

Selbst mir ist das schon oft passiert. Ich war beispielsweise einmal mit Knieschmerzen auf einem Seminar und habe diese dort behandeln lassen. Einige Zeit später wurde ich nach meinem Knie gefragt, und ich konnte mich partout nicht mehr daran erinnern, so etwas wie *Knieschmerzen* jemals gehabt zu haben. Das Vergessen liegt daran, dass wir in eine andere Variante beziehungsweise einen anderen Frequenzbereich gerutscht sind, in dem der vorherige Zustand nicht mehr präsent ist. Jedoch möchten wir Erfolge bewusst wahrnehmen, um uns dann auch wahrhaftig daran freuen zu können.

- Deshalb rate ich dir, dein Blatt mit der Ist-Analyse und dem neuen Ist-Zustand auf den Seiten 23 bis 26 so, wie es ist, stehenzulassen, um an einem von dir festgelegten Termin in drei Monaten noch mal draufzuschauen. Trage dir diesen Termin am besten jetzt in deinen Kalender ein. Du wirst erstaunt sein, was sich alles verändert hat.

An dieser Stelle ist es hilfreich, ein wenig zu erläutern, wie du die Veränderungen als solche erkennen kannst: Achte beim Durchlesen nach den drei Monaten auf die kleinen Dinge, die dir im Alltag widerfahren sind und wie du dich generell in Bezug auf die aufgeschriebenen Themen fühlst. Schau auf das Gesamtbild und deine durchschnittliche Stimmung in deinem Zuhause.

Tatendrang ist okay!

- Wiederhole das 7-Tage-Programm, nachdem du dies gemacht hast. Da zum Zeitpunkt des Abgleichtermins bereits einige Blockaden gelöst wurden, entdeckst du die Wirkung der Premiumintentionen ganz anders, und du kannst deren Potenzial sich noch mehr entfalten lassen.

Bist du nun bereit, deinen Kalender zu zücken und einen festen Termin für den Abgleich einzutragen?

Tipp 2
**Nutze Absichtskärtchen,
um spezielle Ziele zu erreichen**

So manches Mal haben wir ein bisschen viele Ziele. Alles wollen wir haben und möglichst wenig dafür tun. Du kannst beruhigt sein: Mit diesem Gefühl bist du genau richtig! Du lebst die Premiumvariante, wenn sich deine Wünsche leicht und spielerisch realisieren. Das bedeutet trotzdem, ab und an über deinen Schatten zu springen, um dich weiterzuentwickeln. Du hast ein unfassbar zuverlässiges Leitsystem, das dir zeigt, welches der beste Weg zum Ziel ist.

- Wenn du dich bezüglich deiner Ziele zusätzlich unterstützen lassen möchtest, solltest du die Absichtskärtchen als Helfer nutzen! Auf diese schreibst du deine Ziele. Auf dem Absichtskärtchen befindet sich auf der

8 x 8 Premiumintentionen

Vorderseite ein Energiebild (Quantengemälde) und auf der Rückseite deine selbst geschriebene Intention. Das Energiekärtchen arbeitet dann mit der beschriebenen Intention für dich und stimmt dich im Alltag auf deine Zielfrequenz ein. Es ist ein super Tool, um noch schneller voranzukommen.

Noch ein persönlicher Tipp: Ich mag es gern, mein Trinkwasser mit den Zielfrequenzen der Absichtskärtchen zu informieren. Dazu stelle ich ein Glas Wasser für mindestens drei Minuten auf das beschriebene Absichtskärtchen und trinke es dann. Je nach Absicht und Kärtchen schmeckt das Wasser unterschiedlich …

Tipp 3
Sei bereit, Herr der Dinge zu sein

Der Weg der Weiterentwicklung endet nie, und daher wird es immer Punkte geben, die du verbessern möchtest. Es ist eine wahre Freude, dein Leben immer mehr zu verbessern und Stück für Stück auf ein Premiumlevel zu gelangen.

Ich habe mir bei diesem Tipp wirklich Gedanken gemacht, was das Gefühl, Herr der Dinge zu sein, auslöst. Da ich bereits als Kind von meinen Eltern in unterschiedlichste Heilmethoden eingeweiht wurde, kann ich als Fazit Folgendes zu dessen Wirksamkeit sagen:

Tatendrang ist okay!

- Um Herr der Dinge zu sein, lass deine visuelle Tatenkraft wieder aufleben! Arbeite dazu mit energetischen Helfern und gestalte deinen Alltag bunter und lebendiger. Aus dem Kapitel »Exkurs Installation energetischer Helfer« kannst du dir Anregungen dazu holen. Am schnellsten lernst du es durch den Kontakt mit Menschen, die bildlich sprechen und viel mit Feen und freudigen Energiewesen arbeiten. Gleichgesinnte sind immer gut, um schneller voranzukommen. Ich sage bewusst freudig, da einige »göttliche« Wesen mit solch großer Demut betrachtet werden. Tatsächlich sind diese wundervollen Wesen genauso wundervoll wie du – mit dem kleinen Unterschied, dass sie ihre spielerische Leichtigkeit ein wenig aktiver ausleben.

- Darüber hinaus empfehle ich dir wärmstens, das *Intentionen Boostern* zu erlernen. Es ist ein Tool, welches dich darauf konditioniert, Entscheidungen treffen zu können. Wir haben die Wahl, was wir erleben möchten. Wenn wir keine Wahl treffen, wird sie für uns getroffen. Das *Intentionen Boostern* ist außerdem eine Sache, die man überall und zu jeder Zeit an jedem x-beliebigen Ort betreiben kann.

Ich persönlich war davon so begeistert, dass ich die Begründer Uli Kieslich und Marc Kettenbach ständig um mehr Informationen zum Intentionen Boostern bat. Das Intentionen Boostern hat mein Leben grundlegend verändert und ist neben dem Energetic Upgrade eine der besten Methoden, die ich bisher kennengelernt habe!

Special: Dein Premiumzuhause ausmisten, einrichten und pflegen

Manch einer meint vielleicht, das Einrichten käme vor dem Ausmisten. Meiner Erfahrung nach ist genau die umgekehrte Reihenfolge sinnvoll. Ich habe bemerkt, dass es für viele Menschen vergleichsweise sehr einfach ist, Gegenstände zu horten, statt sich von ihnen zu trennen, wenn sie nicht mehr benötigt werden. Besonders, wenn sie keine unterstützende Funktionen mehr haben.

Unzählige Schrankleichen warten dann selig darauf, von ihrer Schande, Platz wegzunehmen, erlöst zu werden. Ob es hierbei um die Spielsachen aus der Kindheit oder längst vergessene Klamotten geht, spielt keine Rolle. Ich persönlich kann nur sagen, dass wir zu viele Gegenstände haben, deren Frequenzen wir aufrechterhalten, indem wir sie zu Hause aufbewahren.

Wie ich zu Beginn in diesem Buch schon berichtet habe, strahlt jeder Gegenstand eine bestimmte Schwingung aus und gibt diese an sein Umfeld ab. Alte Gegenstände, auf deren Frequenz wir nicht mehr schwingen, halten uns somit tatsächlich davon ab, weiterzugehen. Natürlicherweise wirst du nach all diesen Intentionen wahrscheinlich einen tatsächlichen Drang empfinden,

Tatendrang ist okay!

dein komplettes Premiumzuhause auf den Kopf zu stellen, um eine neue Sichtweise zu bekommen. Dazu gehört das Ausmisten. Zur Unterstützung habe ich dir hier einen kleinen Ratgeber zum Thema Ausmisten zusammengestellt. Überholte Gegenstände zu entrümpeln ist tatsächlich mein Spezialgebiet. Ich habe schon so oft ausgemistet, dass es wahrscheinlich für fünf ganze Leben ausreicht. Es befreit ungemein. Lass uns also den Mist, den du nicht mehr brauchst, einfach gemeinsam beseitigen.

Wie du dein Premiumzuhause ausmisten kannst

- Fülle auf diesem Blatt folgende Fragen aus und beginne mit der »Befreiungsarbeit«.

Diese Übung ist kein fester Bestandteil des 7-Tage-Programms, jedoch sehr hilfreich, um schneller voranzukommen. Die Intentionen verschaffen dir ein neues Bewusstsein über dein Leben. Wenn du dich zusätzlich von all den negativen Einflüssen deines Zuhauses trennst, ist das wie eine unterstützende Reinigungskur für dich.

Welche Gegenstände magst du besonders?

_____

_____

_____

8 x 8 Premiumintentionen

Welche Gegenstände in deinem Zuhause nähren dich auf irgendeine Weise mit positiver Energie?

___

___

___

Welche Gegenstände könnten darauf warten, aus deinem Energiefeld entlassen zu werden, weil sie nicht mehr zu dir passen?
Dies können besonders die Gegenstände sein, welche du seit einem halben Jahr nicht mehr verwendet hast. Notiere alles, ohne zu mogeln.

___

___

___

Hast du das Gefühl, bestimmte Gegenstände halten dich auf oder behindern dich irgendwie? Versuche herauszufinden, um welche es sich handelt.

___

___

___

Tatendrang ist okay!

Gibt es Gegenstände in deinem Heim, welche dich traurig oder melancholisch machen?

_____

_____

_____

Fällt dir spontan ein Gegenstand ein, der in deinem Zuhause im Herzen schon lange keinen Platz mehr findet?

_____

_____

_____

Mithilfe dieser Fragen findest du heraus, welche Gegenstände dich unterstützen und welche dich mittlerweile blockieren und deshalb abgeschafft werden sollten.

- Wenn es dir schwerfällt, dich von Dingen zu trennen, pack diese in einen großen Müllsack oder eine Kiste und stelle sie sechs Monate auf den Dachboden oder in die Abstellkammer. Mach dir jetzt einen Termin für die Zeit nach Ablauf der sechs Monate, um diese Teile direkt, ohne sie erneut anzuschauen, wegzuwerfen oder weiterzugeben. Wenn du etwas wieder gebraucht hast, darf es in dein Heim zurück. Grundsätz-

8 x 8 Premiumintentionen

lich ist es immer am besten, Aussortiertes auch umgehend wegzubringen. Das schafft sofort Platz für deine neuen Entscheidungen.

Du brauchst dich nicht zu wundern, wenn sich mit jedem Tag dieses Programms in dir der Wunsch, auszumisten, verstärkt. Von vielen Menschen habe ich gehört, das sie völlig überrascht oder sogar verwirrt waren, weil sie plötzlich weniger Schlaf benötigten und in einem Rutsch einen Großputz veranstalteten oder ihr Zuhause sogar komplett umräumten. Das ist eine normale Begleiterscheinung, wenn sich im Innen etwas ändert, muss sich dies auch im Außen zeigen.

Zusätzlich habe ich hier natürlich noch kleine Helfer zum Loslassen in diesem Buch installiert. Die kleine grüne Schildkröte sorgt dafür, dass du dein Zuhause mit Leichtigkeit ordentlich hältst und dich von alten Gegenständen und Mustern lösen kannst.

Folge also dem Drang, etwas zu verändern, wenn du ihn verspürst. Ich würde dir auch empfehlen, die aussortierten Sachen niemandem in deinem nahen Umfeld zu schenken. Sie hängen sonst nur gefühlte Ewigkeiten bei dir in der Warteschleife. Darüber hinaus haben sie deine Energie angenommen, und besonders jene Gegenstände, die sich in diesem Fall von dir trennen möchten, haben energetisch einiges angesammelt, das auch kein anderer benötigt. Das gilt natürlich nur für Gegenstände, welche du mit einem guten Gewissen in die Altkleidersammlung oder den Müll geben kannst. Du wirst

Tatendrang ist okay!

merken, dass du über das Außen nicht nur über das Innen, sondern auch andersherum dein Inneres über das Außen steuern kannst.

Wie du dein Premiumzuhause einrichten kannst

Und, ist dein Premiumzuhause schon komplett leer? Das glaube ich nicht. Es fühlt sich wahrscheinlich nur etwas freier an, und dies kann einfach ungewohnt sein. Meine Mutter hat immer so viele Sachen in unserem Haus aufgehoben, dass man in den Kellerschränken lange suchen musste, um an das heranzukommen, was man brauchte. Als wir einmal zusammen beim Anschauen einer Comedyshow darüber lachten, dass viele Frauen auch die Plastikdosen vom Aldi-Kartoffelsalat aufheben, statt die teuren Tuppersachen zu verwenden, schaute sie ganz beschämt. Und jetzt lachen wir jedes Mal, wenn sie mir leckere Linsen mitbringt und dabei kleinlich erwähnt, dass sie diese Dose aber wieder von mir zurückhaben möchte und ich sie auf gar keinen Fall wegwerfen soll.

Damit möchte ich nur sagen, dass die Variante, dass jemand sein Zuhause radikal bis auf den letzten Gegenstand ausmistet, in meinem Kopf so gut wie nicht existiert.

Jedes Mal, wenn wir einen Platz frei machen, wird dort unweigerlich etwas Neues seinen Platz finden. Selbst wenn es Luft ist. Energetisch gesehen hast du mit den 64 Premiumintentionen einige positive Energien

8 x 8 Premiumintentionen

in dein Zuhause integriert. Freue dich darüber und beginne selbst immer mehr darauf zu achten, Gegenständen und besonders auch deiner Kleidung mehr liebevolle Aufmerksamkeit zu schenken. Alles wartet nur darauf, dich zu unterstützen.

Wie du dein Premiumzuhause pflegst

Mithilfe von duftenden Räucherstoffen und Heilsteinen, Quantengemälden, Absichtskärtchen und Ritualen bestärkst du dein Zuhause, jederzeit gern für dich da zu sein. Mit diesem 7-Tage-Programm hast du bereits dein erstes Ritual für das Aufleben eines Freudenfests gemacht. Besonders die Kombination aus diesen Helfern macht dein Zuhause lebendig und individuell. Während der Geruch von beispielsweise Weihrauch oder Mapacho deine Wohnung reinigt, können die Heilsteine und Quantengemälde dein Heim mit positiven Gefühlen füllen. Das Fine-Tuning verrichten die Absichtskärtchen und Rituale, welche dich auf die Frequenz (von bestimmten Zielen) einstimmen, die du speziell in der physischen Welt erleben möchtest.

Doch solltest du nicht vergessen, dass all diese Tipps lediglich das sind, was das Wort selbst bereits beschreibt: Tipps! Was allein zählt ist, dass du dich mit dir und deinem Leben wohlfühlst. Wähle aus diesem Buch die Ratschläge heraus, die sich gut für dich anfühlen, und verzichte auf das, was dich nicht anspricht.

Ver-rückt sein und werden

Was mache ich, wenn ich manchmal etwas verrückt wirke? Wie kann ich nach außen kommunizieren, dass ich meinem Zimmer und Auto Namen gegeben habe und mit meinen Körperteilen spreche?

Meine persönliche Antwort auf diese Fragen lautet: Es ist nicht nötig, diesen Lebensstil immer und überall nach außen zu kommunizieren. Wenn du so lebst, wirst du erkennen, dass die Welt spannender und freudiger als je zuvor ist. Diese Freude kannst du dann mit ausgewählten Personen teilen, mit denen das auch möglich ist. Und denen, die dies nicht verstehen würden, erzählst du einfach nichts davon. Sei offen und erkenne vor allem, wie die Menschen wirklich sind.

Handle nach deiner Intuition und vertraue dir immer mehr. Es lohnt sich! Wenn du als erfolgreiches Beispiel vorangehst, werden die Leute von allein fragen und ohne zögern auch tun, was diese wundervollen Ergebnisse hervorbringt.

Wir sind am Ende dieses Buches angelangt, und ich wünsche dir von Herzen nur das Allerbeste in deinem Premiumleben. Du kannst alles schaffen, was du dir

8 x 8 Premiumintentionen

vornimmst, und ich beabsichtige, dass du dies immer mehr entdeckst und als Fühlwissen fest in deinen Zellen verankerst.

Ich freue mich immer sehr über jedes einzelne Feedback. Berichte mir, wie es dir während und nach dem 7-Tage-Programm ergangen ist und wie sich die Ergebnisse bei dir gezeigt haben.

Momentan sitze ich hier und bin voller Liebe und Dankbarkeit für all das, was war, ist und in der nächsten Zeit kommt. Ich danke dir, meiner Leserin, meinem Leser, danke für dieses Leben, danke für diese unendliche Geborgenheit und all die Unterstützung, die ich von überall erfahren darf.

Und ganz gleich, wie wunderbar der jetzige Augenblick auch ist, die Zukunft kann noch erfüllter und herrlicher sein. Die Premiumvariante wartet stets darauf, dass wir unser Denken mit dem bestmöglichen Moment überhaupt in Einklang bringen. Wenn wir im Einklang sind, fließt nicht nur alles wie von selbst, sondern steigert sich auch wie von selbst. Es ist möglich. Ich kann es, und du kannst es auch. Wir alle können es. Versuche es! Du wirst überrascht sein, wie einfach sich deine Welt der Premiumvariante zuwendet und das ganze Universum dich darin unterstützt!

In diesem Sinne, bis bald, Liebes!

Fragen
über Fragen

Wie oft kann ich das Programm wiederholen?

Immer, wenn dir danach ist, kannst du einzelne Premiumintentionen erneut setzen und verstärken. Natürlich aber auch das komplette Programm (wie bei den Tipps empfohlen) von Zeit zu Zeit noch mal wiederholen. Besonders rate ich dir, falls du ein Zimmer neu einrichtest oder streichst, die Intentionen für diesen Raum erneut zu setzen. Das gilt natürlich auch für Umzüge.

In welchem Abstand kann ich das Programm wiederholen?

Folge grundsätzlich deiner Intuition und sei dir aber gewiss, dass ständiges Wiederholen die Wirkung nicht verstärkt, sondern sogar schmälern kann. Zu viel Wiederholungen deuten auf Mangel. Im Leben wie auch bei diesem Programm geht es nicht um das Maximum, sondern das Optimum. Wenn du aber das Gefühl verspürst, die Intentionen noch einmal zu verstärken oder gar neu zu setzen, folge diesem voller Vertrauen.

8 x 8 Premiumintentionen

Wirkt das
8 x 8 Premiumintentionen 7-Tage-Programm
bei jedem?

Dieses Buch ist darauf ausgelegt, Leser jeder Art in ihren Bann zu ziehen. Ich kann immer nur das bewirken, was dein Unbewusstes und Unterbewusstsein zulässt. Dafür habe ich viele Werkzeuge verwendet, und so schleicht sich die Leichtigkeit dieses Werkes ab und an von hinten an und kuschelt sich an deinen Rücken. Jedoch ist für die Veränderung immer eine gewisse Bereitschaft vonnöten. Nichtsdestotrotz wird dieses Buch auf jeden Fall etwas bewirken. Bei dem einen mehr und dem anderen weniger. Oftmals ist es für manche Personen auch schwierig wahrzunehmen, wenn sich etwas in ihrem Leben verändert.

In diesem Fall kann es helfen, sich seiner Erlebnisse immer mehr bewusst zu sein und bewusster im Jetzt zu leben. Klebe dir hierfür beispielsweise kleine Zettel an Lichtschalter und die Spiegel mit dem Hinweis »Jetzt?!«. Jedes Mal, wenn du den Zettel siehst, frage dich, ob du in diesem Moment und bei dem, was du tust, präsent oder schon in der Zukunft bei einem anderen Ereignis bist. Mit der Zeit bemerkst du, wie mehr Raum für dein momentanes Empfinden geschaffen wird und auch Hektik und Stress gehen dürfen. Das ist eine einfache Hilfe mit großer Wirkung.

Fragen über Fragen

Ich lebe nicht alleine in der Wohnung, habe Mann, Kind und Hund – werden die ebenfalls von der Energetisierung positiv beeinflusst oder gehen sie nur mit bestimmten Dingen in Resonanz oder sollten die für sich auch die Räume energetisieren?

Wenn du das Programm durchführst, veränderst du die Energie in der Wohnung und bereicherst somit auch die anderen. Jedoch veränderst du dabei nicht deren unterbewusstes Denken. Deine Arbeit wirkt also schon auf die anderen Familienmitglieder ein, ist jedoch nicht so wirksam wie beim Anwender selbst.

Es empfiehlt sich also, dass jeder dieses Programm für sich selbst durchführt, wenn er davon im höchsten Maß profitieren möchte. Wenn du das einzige Familienmitglied bist, welches sich für Spirituelles interessiert, kannst du auch eine andere Methode anwenden, um die Wirkung für deine Lieben trotzdem zu verstärken. Im Kapitel »Tag 7 – Beschützte Zeit spielerischer Harmonie im Kinderzimmer« habe ich genau erklärt, wie du Intentionen für die ganze Familie oder auch andere Personen setzen kannst.

Was macht eine Premiumintention aus?

Premiumintentionen sind bewusste und vor allem sehr hoch schwingende Intentionen, mithilfe deren du dein Leben bewusst in eine bestimmte Richtung lenken kannst. Eine Premiumintention hat die Eigenschaft, dir bereits beim Beabsichtigen solch eine Freude und Leichtigkeit zu vermitteln, dass die Zielerreichung nur

8 x 8 Premiumintentionen

noch ein paar Schritte entfernt ist. Dein Geist kann sich nach einer Premiumintention tatsächlich entspannen und die Frequenz ist leichter beizubehalten.

Was ist eine Intention/Absicht?

Eine Absicht ist ein klarer Fokus auf ein bestimmtes Ziel, ein Bild oder eine Intention. Die Intention ist in diesem Fall ein ausformulierter Satz, der die bewusste Entscheidung für etwas beschreibt. Eine Intention unterscheidet sich von einem Wunsch insofern, als dass du bei einer Intention in der Gegenwartsform klar sagst, was du wählst. Dies tust du aus dem Bewusstsein heraus, Schöpfer zu sein.

Ein Wunsch bedeutet immer Mangel, weil man sich nur Dinge wünscht, die man nicht hat. Somit ist eine Absicht eine klare Entscheidung für eine Sache.

Was ist Intentionen Boostern?

Kurz gesagt ist das Intentionen Boostern eine mentale Technik, mit der man gesetzte Intentionen mit Energie anreichern kann. Der große Vorteil beim Intentionen Boostern ist, dass du nicht wissen musst, was du gerade verstärkst und somit der Kritiker in dir (Verstand) ausgeblendet werden kann.

Mit diesem Tool kannst du jedoch auch allerlei energetische Arbeit in ihrer Auswirkung verstärken. Das kann beispielsweise eine Reiki-Sitzung, Matrix-Behandlung oder sogar ein gutes Geschäftsgespräch sein. Auf *www.jaycjayarts.com* findest du einen kostenlosen

Fragen über Fragen

Download für eine Kurzversion, durch die du das Intentionen Boostern erlernen kannst.

Was ist eine Ante-Intention?

Eine Ante-Intention ist eine in die Zukunft gerichtete Intention, welche das Ergebnis in der Zukunft im Voraus wirksamer macht. Sie ist also eine klar ausgedrückte Absicht, die wir für ein kommendes Ereignis haben. Im Intentionen Boostern nutzt man Ante-Intentionen, um bereits im Voraus die Wirkung des Boosterprozesses um ein Vielfaches zu verstärken.

Was ist Energetic Upgrade?

Energetic Upgrade ist eine Methode, mit der du gezielt Einfluss auf fast alle Bereiche deines Lebens nehmen kannst. Durch das Aufspüren und Neutralisieren energetischer Schwächen werden die Ursachen eines Themas verändert, wodurch die Symptome fast unmittelbar verschwinden. Energetic Upgrade besteht aus dem energetischen Korrigieren, der Verbindung von profundem Wissen der heiligen Geometrie und des Gesetzes der Resonanz und kann für körperliche wie mentale Probleme angewendet werden.

Was ist Visionboarding?

Natürliche Leichtigkeit und blühende Fantasie vereinen sich in meinem Lieblings-Tool, im Visionboarding! Hierbei wird dein Verstand mit einer Auswahl von zahlreichen Varianten bedient. Das heißt, die Frage

8 x 8 Premiumintentionen

»Wie soll ich mein Ziel erreichen?« wird beim Visionboarding für den Verstand ein für alle Mal geklärt.

Wichtig ist zu verstehen, dass das »Wie« uns nicht wirklich interessieren sollte ... Es hat sich jedoch als äußerst wirksames Tool erwiesen, um den Verstand ruhigzustellen. Das wiederum räumt uns eine erhebliche Blockade aus dem Weg.

Was ist, wenn ich einen Tag bei den Premiumintentionen ausgelassen habe?

Wenn du einen Tag in diesem Programm auslassen musstest oder nicht ausgeführt hast, wiederhole diesen einfach dann, wenn du Zeit hast. Da die Intentionen und Tage aufeinander aufbauen und sich gegenseitig in der richtigen Reihenfolge optimal unterstützen, ist es hilfreich, immer einen Tag nach dem anderen – beginnend von 1 bis 7 – zu absolvieren. Wenn du zum Beispiel an Tag 4 für die Intentionen keine Zeit hattest, setzt du bei der nächsten Gelegenheit zunächst die Intentionen für Tag 4, bevor du am nächsten Tag mit Tag 5 weitermachst.

Wie wird die magische Handbewegung exakt ausgeführt?

Halte deine Hand senkrecht vor deinen Solarplexus – also den Punkt zwischen deinen Brüsten. Die Fingerspitzen zeigen dabei nach oben, wobei die Handkante zu deinem Körper zeigt. Der Daumen ist dabei an deinem Körper. Du findest auf YouTube ein kurzes Er-

Fragen über Fragen

klärungsvideo dazu unter dem Stichwort »Magische Handbewegung mit Jayc Jay«. Auf Seite 32 findest du erläuternde Abbildungen zu der Handbewegung.

Wozu kann ich die magische Handbewegung noch verwenden?

Dadurch, dass du bereits 64 Premiumintentionen gesetzt hast, hat sich die magische Handbewegung neuronal mit dem automatischen Verstärken von Energie in deinem Gehirn verbunden. Somit verstärkst du immer mithilfe der magischen Handbewegung das, worauf du gerade deine Aufmerksamkeit richtest.

Zum Beispiel kannst du vor dem Essen deinen Dank mit dieser Handbewegung intensivieren oder wenn du dich freust diese Freude intensivieren. Wenn du etwas Schönes in deinem Leben siehst, kannst du die magische Handbewegung ebenfalls benutzen, um immer mehr davon in dein Leben zu ziehen. Fakt ist, je öfter du dies machst, desto stärker wirkt es.

Wie setze ich weitere Intentionen für mein Zuhause?

Mit der Zeit wirst du bemerken, wie es dir durch Wiederholung immer leichter fällt, selbst Intentionen zu formulieren. Denke immer daran, Intentionen in der Gegenwartsform zu setzen und so zu formulieren, als hättest du das Gewünschte bereits erreicht. Deine Intentionen müssen nicht so ausführlich sein, wie es die in diesem Buch vorgestellten Premiumintentionen sind. Eine Intention ist bereits die einfache Formulierung:

8 x 8 Premiumintentionen

»Ich bin glücklich.« »Ich fahre einen 1er BMW.« Steigere dich langsam von diesem Level der kurzen und klaren Absicht. So wirst du immer selbstsicherer bei der Auswahl und Formulierung deiner Intentionen. Denke daran, dass du nach dem Setzen der Intention diese mit der magischen Handbewegung und einem BÄM verstärkst.

Wie kann ich die Wirkung des Programms besser erkennen?

Wenn du dir selbst ab und an gern ein wenig im Weg stehst, hilft es, wenn du dir diese Sätze durchliest und somit deine Offenheit für neue Wege klarer zeigst. Dieser Text ist energetisch korrigiert. Er stärkt dich dahingehend, dass du Veränderungen besser wahrnehmen kannst. Lies ihn dir immer dann durch, wenn du das Bedürfnis verspürst, dir über notwendige, größere Veränderungen in deinem Leben bewusst zu werden.

»Ich bin mir sicher, dass ich viel zu häufig den Weg des Grolls, Zorns und des Hasses in letzter Zeit gegangen bin. Und mein Herz fühlt sich davon erfüllt an.«

»Ich kann fast gar nicht an etwas Positives / Gewünschtes denken, ohne dass direkt eine negative Emotion von Wut, dass es nicht da ist, aufsteigt. Ich bin bereit, mich umzupolen und neu zu denken, liebevolle Gedanken für ein liebevolles Leben zu wählen. Was jetzt für mich schön wäre: Ich liebe und akzeptiere mich auf allen Ebenen mit all meinen Gefühlen und Emotionen und

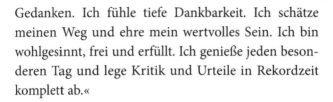

Fragen über Fragen

Gedanken. Ich fühle tiefe Dankbarkeit. Ich schätze meinen Weg und ehre mein wertvolles Sein. Ich bin wohlgesinnt, frei und erfüllt. Ich genieße jeden besonderen Tag und lege Kritik und Urteile in Rekordzeit komplett ab.«

»Ich bin nicht zufrieden, sondern über alle Maßen erfüllt vom Leben und satt. Ich bin begeistert von mir und meinem Tanz des Lebens mit so vielen tollen, schöpferischen Mitmenschen, die allesamt bewundernswert sind. Ich bin in dem Moment bei mir, in dem dies die größte Erfüllung und Ekstase ist und in dem Moment bei jemand anderem oder etwas anderem, in dem dies mir die größte Erfüllung IST.«

»Ich erlaube mir, dass alles richtig läuft, und ich fühle, dass ich nie etwas lenken muss, und wenn ich lenken will, dies immer richtig ist und nichts bezwecken muss, denn meine Bestimmung des Glücks ist unvermeidbar und in jeder steuerbaren Richtung vorhanden. Ich kann alles richtig gut bewerkstelligen in dem Moment, in dem es ansteht. Ich erkenne, dass etwas ansteht, weil ich in dem Moment die größte Freude und Erfüllung dafür empfinde. Dem folge ich bedingungslos und liebe in wahrhaftiger Demut alles, was ist, und das Große hinter alldem und hinter mir.«

Danksagung

Zuallererst danke ich von Herzen meiner Mama und meinem Papa. Ihr habt mir immer meinen eigenen Weg gelassen, selbst wenn dies bei einem Querdenker wie mir manchmal nicht allzu leicht war. Danke für eure Unterstützung, die bedingungslose Liebe und die Erziehung, wie ihr sie mir geboten habt.

Vielen Dank an die Menschen, die meine sensible Art schon immer zu schätzen wussten und mich darin bestärkt haben, meine Liebe und Ansichten in die Welt hinauszutragen. Danke Oliver, Dagmar, Tanyes, Jasminka und Marco.

Marc Kettenbach und Uli Kieslich, ohne euch gäbe es dieses Buch nicht! Marc, du bist ein Soulmate, der mein Leben auf unfassbar schöne Weise bereichert und mich so facettenreich weiterbringt.

Besonders danke ich auch der genialen AHS Gruppe. Wahre Freunde, welche mich so viel gelehrt haben.

Magische Handbewegung mit Jayc Jay

Auf Seite 30 lernst du die magische Handbewegung kennen, mit der du deine Ante-Intention und Premiumintention setzt und boosterst. Hinter dem QR-Code verbirgt sich der Link auf das Video, in welchem die magische Handbewegung noch einmal erklärt wird. Scanne dafür einfach diesen QR-Code mit deinem Smartphone und lasse dir das Video im Internet anzeigen.

Wenn du keine Möglichkeit hast, den QR-Code zu scannen, kannst du dir das Video auch ganz einfach im Internet unter *www.8x8premiumintentionen.de/magische-handbewegung* anschauen.

Lassen Sie Ihre Wünsche wahr werden!

Pam Grout
E^2+
Neue Beweise
zum Selbsttesten
Wie Ihre Gedanken
die Welt verändern

288 Seiten
€ [D] 14,99 / € [A] 15,50 / sFr 20,90
ISBN: 978-3-7934-2283-9
Auch als E-Book erhältlich.
www.allegria-verlag.de

Entdecken Sie in E^2+ eine ganz neue Ebene der wunderbaren Manifestationskräfte. In neun beeindruckend einfachen Experimenten zeigt Pam Grout, dass Wunder und Glück näher liegen als gedacht. Es geht darum, loszulassen, alte Denkmuster aufzugeben und sich voll und ganz dieser großartigen Energie Ihrer Gedanken anzuvertrauen.

Lassen Sie sich inspirieren und erkennen Sie, dass Sie die Fähigkeit besitzen, mit der enormen Kraft der Gedanken zu mehr Möglichkeiten, mehr Erfolg und mehr Lebensfreude zu gelangen.